Emil Naumann

Darstellung eines bisher unbekannt gebliebenen Stylgesetzes

Im Aufbau des classischen Fugenthemas

Emil Naumann

Darstellung eines bisher unbekannt gebliebenen Stylgesetzes
Im Aufbau des classischen Fugenthemas

ISBN/EAN: 9783743642959

Hergestellt in Europa, USA, Kanada, Australien, Japan

Cover: Foto ©Thomas Meinert / pixelio.de

Weitere Bücher finden Sie auf **www.hansebooks.com**

Darstellung

eines

isher unbekannt gebliebenen Stylgesetzes

im

Aufbau des classischen Fugenthemas

von

Emil Naumann.

Preis: M. 1,50.

Berlin
Verlag von Robert Oppenheim.
1878.

Verlag von **Robert Oppenheim** in Berlin.

Emil Naumann, Prof. Dr. und Königl. Hofkirchen-Musik-Direktor. **Italienische Tondichter.** Von Palästrina bis auf die Gegenwart. Vorträge, gehalten in den Jahren 1874 u. 1875. 8. XII u. 570 Seiten. Preis M. 8,00. Fein geb. M. 10,00.

— — — Zweite Auflage. (Pracht-Ausgabe.) Seiner Majestät dem Könige von Italien Victor Emanuel gewidmet. gr. 8 XVI u. 570 S. auf feinstem Velinpapier. Mit vier Photographieen. Preis geh. M. 17,00 Fein in Goldschnitt geb. Preis M. 20,00.

— **Deutsche Tondichter.** Von Sebastian Bach bis auf die Gegenwart. Vorträge, gehalten im Wintersemester von 1870 auf 1871, an dem, unter dem Protectorate Ihrer K. u. K. Hoheit der Frau Kronprinzessin von Deutschland stehenden Victoria-Lyceum zu Berlin. 2. wohlfeile Auflage. 8. XVI u. 402 Seiten. Preis geh. M. 5,00. Fein geb. M. 6,00.

— — — Dritte Auflage. (Pracht-Ausgabe.) Ihrer K. u. K. Hoheit der Kronprinzessin des deutschen Reiches Victoria gewidmet. gr. 8. XXII u. 402 Seiten auf feinstem Velinpapier. Mit sechs Photographieen. Preis M. 12,00. Fein in Goldschnitt geb. Preis M. 15,00.

— **Nachklänge.** Eine Sammlung von Vorträgen und Gedenkblättern aus dem Musik-, Kunst- und Geistesleben unserer Tage. 8. VIII u. 344 Seiten. Preis geh. M. 4,50.

— **Musikdrama oder Oper?** Eine Beleuchtung der Bayreuther Bühnenfestspiele. 8. 59 Seiten. Preis geh. M. 1,00.

Darstellung

eines

bisher unbekannt gebliebenen Stylgesetzes

im

Aufbau des classischen Fugenthemas

von

Emil Naumann.

Berlin,
Verlag von Robert Oppenheim.
1878.

Der Verfasser vorliegender Arbeit ward zur Auffindung des darin von ihm dargestellten Gesetzes des Aufbaues classischer Fugenthemen zunächst dadurch geführt, dass ihm gewisse besondere und immer wiederkehrende Züge im Charakter und Fortgang Bach'scher Fugenthemen auffielen, deren eigenthümliche Wirkung auf Gefühl und musikalischen Formensinn er sich anfänglich in keiner Weise zu erklären vermochte. Dies veranlasste ihn zu einer eingehenden Untersuchung der melodischen Umrisslinien classischer Fugenthemen, die so ziemlich alle ihm bekannten oder überhaupt zugänglichen Tonsätze fugirten Styles umfasste und ihm endlich die Gewissheit gab, dass sich das Fugenthema nach einem, in seinem Ursprung ebenso geheimnissvollen, wie in seiner Erscheinung und Wirkung bestimmt ausgeprägten besonderen Stylgesetze aufbaut.

Der Autor glaubt mit der Darstellung eines solchen Stylgesetzes einen ersten Schritt in jenes bisher nur geahnte, factisch aber noch ganz unerforscht gebliebene Gebiet gethan zu haben, auf welches durch den bekannten Ausspruch: die Architektur sei eine gefrorene Musik, hingedeutet ward und an den anknüpfend er sich berechtigt glaubt, gewisse Style der Tonkunst umgekehrt als eine flüssig gewordene Architektur zu bezeichnen.

Die Architektonik der Musik, die nicht blos ein poetischer Traum oder ein geistreiches Aperçu, sondern eine Wahrheit ist, hat, nach meinen Erfahrungen, zunächst weniger mit den aus den verschiedenen Stylen der Tonkunst hervorgegangenen Kunstformen und deren Gliederung zu thun, als sie sich auf die, diesen Stylen entwachsenen und ihnen besonders eigenthümlichen Themen, und zwar auf deren Umriss, deren gesammte Construction, ihre Bewegungsrichtungen, ihre Zeitdauer und ihren Umfang bezieht. Nur das musikalische Thema kann uns also den Weg erschliessen, auf welchem die bisherigen vereinzelten, mehr oder weniger unklaren Vorstellungen von dem Vorhandensein einer Architektonik der Musik sich in deutliche Begriffe zu verwandeln und Realität zu gewinnen vermögen. Unserer Aufgabe gemäss wird es sich hierbei vor allem um eine Darstellung der Natur und der Eigenthümlichkeiten des Themas der Fuge handeln; und wenn sich der Autor zu dem Ende hauptsächlich auf das Fugenthema in jenen classischen Umrissen, die es bei Sebastian Bach besitzt, bezieht, so hofft er, dass ein solches Anknüpfen bei dem Grossmeister des gesammten fugirten Styls die Solidität der Basis, welche er seiner Untersuchung zu geben wünscht, nicht abschwächen werde.

Ehe wir jedoch in Geist und Wesen eines Fugenthemas einzudringen versuchen, haben wir, wenn wir hierbei festen Boden unter den Füssen behalten wollen, genau zu bestimmen, bei welchem Punkte ein Fugenthema überhaupt zu Ende ist. Eine solche Frage dürfte fast überflüssig erscheinen und dennoch hat sich durchaus nicht Jeder dieselbe bereits vorgelegt. Mancher wähnt im Gegentheil noch, dass sich ein Fugenthema stets bis zum Eintritt der es zunächst beantwortenden Stimme ausdehne. Dies ist jedoch nur dann der Fall, wenn diese zweite Stimme in dem Momente einsetzt, da die, die Fuge eröffnende Stimme ihr Thema ausgesungen hat. Ausgesungen aber hat die führende Stimme ihr Thema genau in dem Augenblicke, da sie den Grundton, oder die Terz, oder endlich die Quinte der Tonika, von der sie ausging, in einer nach unten sich senkenden und abschliessenden Weise wieder berührt.

Tritt nun der „Gefährte" unmittelbar hierzu ein, so kann kein Zweifel über Ausdehnung und Dauer des betreffenden Fugenthemas walten. Nachfolgende Themen aus dem wohltemperirten Clavier geben beispielsweise hiervon eine deutliche Anschauung:

In ihnen hat die zuerst eintretende Stimme ihr Thema stets bei dem Punkte beendet, den ich, zu klarerer Erkenntniss, mit einem Strich und einem Notabene versah.
Anders fällt die Begrenzung des Themas aus, wenn sich, nachdem der Grundton, die Terz oder die Quinte in obiger Art von der führenden Stimme wieder erreicht worden, noch ein, den Eintritt des Gefährten und der Dominant-Tonart vorbereitendes Nachspiel dem Thema anhängt, oder demselben ein blosses Zwischenspiel folgt, das lediglich zur Ausfüllung fehlender Theile eines noch unvollendeten Taktes oder einer noch unabgeschlossenen rhythmischen Periode dient. In derartigen Fällen sind die bezeichneten musikalischen Anhängsel und Füllsel niemals als zum Thema selber gehörig anzusehen. Die Wirkung auf den Hörer ist überdies bei solchen Gelegenheiten schon entscheidend und diese sagt uns unwidersprechlich, dass z. B. in den folgenden, dem wohltemperirten Clavier entnommenen Themen das Fugenthema in jedem einzelnen Falle schon bei dem Zeichen || zu Ende ist:

Es gibt noch eine dritte Weise des Eintrittes von *Dux* und *Comes;* wir begegnen derselben immer dann, wenn schon mit den ersten Einsätzen einer Fuge eine thematische Engführung beginnt. Wie z. B. in der Cis-dur-Fuge des zweiten Theils des wohltemperirten Claviers:

In derartigen Fällen ist natürlich das Thema, trotz des ungewöhnlichen Eintrittes der zweiten Stimme, ebenfalls erst dann zu Ende, wenn es sich in der, bei den Beispielen No. 1 bis 6 klar gewordenen Weise völlig ausgesungen hat. Das Zeichen ‖ markirt die betreffende Stelle auch im obigen Beispiel.

Kehren wir nach diesen nothwendigen Vorbemerkungen zu dem Versuche einer allgemeinen Charakteristik des Fugenthemas zurück.

Als eines der vornehmsten Merkmale, welche das Fugenthema von anderen Themen unterscheiden, führe ich zuförderst seine gedrungene Kürze oder seinen Lakonismus an, der der hohen Prägnanz seines Inhaltes nicht nur keinen Abbruch thut, sondern dieselbe noch verstärkt. Das Bach'sche Fugenthema zeigt, trotz der wenigen Töne, aus denen es sich gewöhnlich zusammensetzt, meist eine Mannigfaltigkeit der Rhythmik und charakteristisch einschneidender Cäsuren, dabei eine Fülle und Tiefe musikalischen Ausdrucks, sowie eine Abgeschlossenheit seiner Melodie und formalen Gliederung, die ihm das Gepräge eines musikalischen Dictums im Lapidarstyl verleihen; wie es sich denn auch mit ähnlich unverwischbaren Zügen in das Gedächtniss des Hörers eingräbt. Man richte in dieser Beziehung seine Blicke etwa auf Themen, wie die nachfolgenden:

und frage sich, ob die Tonsprache, innerhalb der engen Schranken von jedesmal nur zwei Takten etwas Charakteristischeres und individueller Gegliedertes hervorzubringen vermöge, als durch Bach in diesen und unzähligen ähnlichen Fällen geschehen.

Eine weitere Folge einer solchen reichen Gliederung ist die bemerkenswerthe Mannigfaltigkeit an Motiven, durch die sich das classische Fugenthema auszuzeichnen pflegt. Um hier ganz deutlich zu bleiben, mache ich darauf aufmerksam, dass der Ausdruck „Motiv" in den bildenden Künsten eine andere Bedeutung besitzt, als in der Tonkunst. In der Architektur, Plastik und Malerei wird nämlich mit dem Worte „Motiv" genau das bezeichnet, was der Musiker „Thema" nennt — d. h. ein vollständig ausgesprochener Gedanke — und wenn sich dort aus dem Motiv eine ganze Gruppe, ein Bild, ein Gebäude entwickelt, so baut sich in der Tonkunst aus dem Thema ein ganzes Musikstück auf. Man bedient sich jedoch auch im Tonreiche des Ausdrucks „Motiv"; nur dass derselbe sich hier auf kein Ganzes, sondern auf dessen Theile — mit anderen Worten, nicht auf ein Thema, sondern auf Bruchstücke eines solchen bezieht. Daher kann wohl ein musikalisches Motiv in einem Thema, nie aber ein Thema in einem Motiv enthalten sein. — Je zahlreichere und vielgestaltigere Motive nun in der Tonkunst ein und dasselbe Thema in seinem Schoosse trägt, um so inhaltsvoller und bedeutsamer pflegt dasselbe zu sein. Von dieser Natur aber sind die meisten classischen Fugenthemen. So enthält Bach's Thema über seinen eigenen Namen:

nicht weniger als vier verschiedene Motive, die ich oben durch kleine numerirte Bogen bezeichnete. So enthalten von den vorhin aufgeführten drei Themen, trotzdem dass jedes derselben nur 2 Takte umfasst, Nr. 9 nicht weniger als 3 und Nr. 7 und 8 je 2 verschiedene Motive. Wir haben daher auch die Fülle und Vielgestaltigkeit, welche classische Fugenthemen bezüglich der in ihnen enthaltenen Motive gewahren lassen, als ein Kennzeichen der Themata dieser Gattung anzusehen.

Solcher, in beschränktestem Umfange sich entwickelnder reicher Gliederung und gedrungener Kraft gegenüber zeigen die Themen anderer Style und Meister im Allgemeinen eine Neigung, sich weiter auszuspinnen und in die Breite zu gehen, ohne uns, dieses ausgedehnteren Spielraumes ungeachtet, immer einen ähnlich tiefen und mannigfaltigen Inhalt zu bieten. Und dies gilt nicht etwa nur von Meistern, die keinen Vergleich mit Bach aushalten, sondern auch von solchen, die ihm an musikalischer Bedeutung ziemlich ebenbürtig sind. Es ist also hiermit kein Tadel der Letzteren ausgesprochen, da die Kunstform und der Styl, deren sie sich bedienten, ihnen eben andere Aufgaben wie Bach stellten und vor allen Dingen ein weiteres Feld für die Ausbreitung des Themas gestatteten, so dass sie erst allmälich oder gradatim auszusprechen brauchten, was Bach in zwei Worte zu drängen hatte.

Mit dem gedanklichen Lakonismus der Bach'schen Fugen-

themen hängt ihre auffallend geringe Zeitdauer zusammen.
Umfänge von nur $1^1{}_2$ bis 4 Takten sind hier das Gewöhnliche:
Themen dagegen, die 5, die 6 oder gar noch mehr Takte um-
fassen, repräsentiren schon das Seltene und Aussergewöhnliche.
Man werfe, um sich hiervon zu überzeugen, nur einen Blick auf
die Fugenthemen des wohltemperirten Claviers, auf die Themen
anderer Instrumentalfugen Bach's (vorausgesetzt, dass sie nicht
gerade für die Orgel geschrieben sind), sowie auf fast alle Vocalfugen des Meisters.

Ein abermaliger charakteristischer Zug des Bach'schen Fugenthemas tritt mir darin entgegen, dass ihm jede Wiederholung
widerstrebt: ich meine jede Wiederholung irgend eines Theiles
seiner Melodie. Unter den 48 Fugenthemen des wohltemperirten
Claviers begegnen wir nur einem einzigen, welches eine Stelle
seiner Melodie einfach wiederholt: dem B-dur-Thema des ersten
Theils nämlich:

No. 11.

Und auch diese Wiederholung ist nur eine scheinbare, denn das
Thema, als solches, ist mit dem ersten Achtel des dritten Taktes
zu Ende und der dritte Takt, sowie der vierte Takt stellen nur
jenes schon oben berührte vermittelnde, ausfüllende oder vorbereitende Nachspiel dar, das in vielen Fugen dem Eintritt des
Gefährten vorangeht. *)

*) Selbstverständlich sind auf- oder absteigende Sequenzen nicht mit
einer einfachen Wiederholung einer Melodiestelle, die ja ein Verharren
in ein und derselben Tonlage voraussetzt, zu verwechseln. Diese wirkt
fast wie ein musikalischer Stillstand, während Sequenzen, besonders
solche der Bach'schen Art, etwas unruhig Treibendes innewohnt. Dies hat
seinen Grund darin, dass Bach deren Glieder nicht nur in hergebrachter
Weise ihre Tonlagen verändern lässt, sondern jedes dieser Glieder auch
durch Varianten von den übrigen zu unterscheiden pflegt, wodurch denn

Mit der Eigenthümlichkeit, Wiederholungen zu umgehen, ist eine weitere Eigenschaft des Bach'schen Fugenthemas nahe verwandt. Sie tritt mir darin entgegen, dass dasselbe, ohne jedes behagliche Verweilen oder gelegentliche Betreten von Umwegen, direct auf sein Ziel losgeht. Ein Bach'sches Fugenthema wirkt daher auch wie das kategorisch ausgesprochene Wort eines Mannes, der nicht nur genau weiss, was er will, sondern auch wohin er will; d. h. der nicht nur keine Ungewissheit darüber aufkommen lässt, was er uns in der Tonsprache zu sagen hat, sondern der uns auch über die Richtung des Weges, den er einzuschlagen denkt, keinen Augenblick in Zweifel lässt. Aus dieser seiner Natur erklärt es sich, dass das classische Fugenthema weder ein Hindämmern im Unbestimmten, noch irgend ein Schwanken und Zögern in seinem Fortgang zulässt, sondern, von seinem Eintritt an, den sichersten und consequentesten Verlauf nimmt, ein völlig zweifelloses, keiner Vorbereitungen und Einleitungen bedürfendes Betonen seiner, in jedem einzelnen Falle besonderen Eigenart zeigt. Wir empfangen daher durch dasselbe den Eindruck, als spreche es ein ihm immanentes Gesetz aus, durch das jedes Zufällige und Willkürliche ausgeschlossen werde.

Es ist endlich noch, als eines sehr charakteristischen Momentes im Fugenthema, des eigenthümlichen Verhältnisses seiner tonalen Höhe zu seiner tonalen Länge zu gedenken; ich meine des meist grossen Abstandes seines höchsten von seinem tiefsten Ton, der sich besonders dann als ein bedeutender erweist, wenn man denselben mit der durchschnittlich geringen Dauer eines

---

das Ganze als ein continuirlich sich Verwandelndes und Werdendes wirkt. Ausser den Fugen des wohltemperirten Claviers zeigen auch fast die sämmtlichen übrigen Clavierfugen Bach's keinerlei Wiederholungen. Wir begegnen denselben eigentlich nur in seinen Orgelfugen, in denen sie durch die anderen Forderungen bedingt erscheinen, welche dies grosse, ausklingen wollende und dadurch in seinem Fortgange fasslicher werdende Instrument an den Spieler und den Componisten stellt. In Fällen aber, wo Bach, wie vorzugsweise in seinen Clavierfugen geschieht, Geist und Wesen des fugirten Styls nur um ihrer selbst willen zum Ausdruck bringen will, ist eine Wiederholung die seltenste Ausnahme; ihre Vermeidung dagegen nicht nur das Durchschnittliche, sondern die Regel.

solchen Themas vergleicht. Noch ersichtlicher wird ein derartiges, im Fugenthema gewöhnliches Vorherrschen seines musikalischen Vertikalismus über seinen musikalischen Horizontalismus, wenn man das Verhältniss in's Auge fasst, in welchem beide tonale Ausdehnungen in den Themen anderer Musikstyle zueinander stehen. Ich will in dieser Beziehung hier beispielsweise nur anführen, dass unter den 48 Fugenthemen des wohltemperirten Claviers sich eines im Umfang einer Decime bei nur 2 Takten Länge, eines im Umfang einer Decime bei nur 3 Takten Länge, vier Themen im Umfang je einer None bei nur 2 Takten Länge, ein Thema vom Umfang einer None bei nur 3 Takten Länge, eines vom Umfang einer Octave bei nur 2 Takten Länge, drei Themen vom Umfang je einer Octave bei nur 3 Takten Länge, sowie sechs Themen vom Umfang je einer Septime bei nur 2 Takten Länge befinden. *) Ich bemerke hierzu noch, dass mit einem Thema im fugirten Styl, auch in anderen Stylen immer wieder nur das Thema verglichen werden darf; nicht aber etwa dort vorkommende Passagen, Figuren und Läufe, die natürlich meist den Umfang einer Octave überschreiten. Passagen und figurirte Contrapunkte haben auch in der Fuge durchschnittlich einen weit bedeutenderen Umfang als das Thema. Sie wirken jedoch stets nur als Füllungen, Ornamentirungen und Umschreibungen und sind daher in keiner Weise neben das Letztere zu stellen, das überall allein den in sich abgeschlossenen Gedanken oder doch den ideellen Kern eines Tonsatzes ausspricht. Bei einem Vergleiche aber von Themen verschiedener Style bemerken wir, dass z. B. Sonatenthemen, um dieselbe tonale Höhe zu erreichen, welche Fugenthemen meist schon bei einer Dauer von nur 2 oder 3 Takten entwickeln, durchschnittlich der drei- oder vierfachen Länge bedürfen. Dies will aber um so mehr besagen, als ein Fugenthema, selbst in Instrumentalwerken, vom Componisten stets als Stimme aufgefasst und behandelt wird, daher fast immer auch

---

*) Es sind dies die folgenden Themata der beiden Theile des wohltemperirten Claviers: I Cis-dur, H-moll, B-moll, E-moll und A-dur, II As-dur, I A-moll, II D-moll, I F-moll und Gis-moll, II Fis-moll, I C-moll, D-moll, G-moll und H-dur, II D-dur und A-moll.

mit einer Art von Rücksicht auf den Umfang einer solchen und auf eine gewisse Sangbarkeit, während bei anderen instrumentalen Stylen von solchen, die tonale Höhe eines Themas immerhin etwas beschränkenden Rücksichten entweder gar nicht, oder doch nur ausnahmsweise die Rede ist. Daher tritt auch der Unterschied des Tonumfangs von Themen des fugirten und von Themen anderer Style am stärksten hervor, wenn sie beiderseits der Vocalmusik angehören. Ein Thema z. B., wie das von „Freude schöner Götterfunke" in Beethoven's 9. Sinfonie, welches auf 16 Takte Länge nur eine Octave Höhenentwickelung besitzt, oder ein Lied-Thema, wie „Heil Dir im Siegerkranz", das bei einer Dauer von 14 Takten nur den Umfang einer Septime erreicht, wäre in einem vocalen Thema aus dem Blüthezeitalter der Fuge geradezu unmöglich.

Das bisher Angeführte ist gewiss schon in mancher Beziehung bezeichnend und charakteristisch für das eigenste Wesen des Fugenthemas. Dennoch berührten wir damit vorerst nur dessen ganz im Allgemeinen hervortretenden Kennzeichen; seine innerste und ihm ausschliesslich eigene Natur ist hierbei kaum erst gestreift worden. Fragen wir uns nun, worin sich diese zeige, so ist darauf entschieden zu antworten: in seinem melodischen Umriss.

Lassen wir nämlich eine Anzahl classischer Fugenthemen aufmerksam an unserem Ohre vorüberziehen, so überkommt uns sehr bald die Empfindung, als ob den melodischen Umrissen derselben die seltsame Eigenschaft innewohne, sich auf einen bestimmten und durch besondere tonale Verhältnisse ausdrücklich markirten Punkt hin zu steigern und zuzuspitzen. Ebenso stark tritt dies hervor, wenn wir uns solche thematische Umrisse auf dem Papiere ansehen, oder wenn wir dieselben zu analysiren beginnen. Wir erfahren dann, dass jene oben angedeutete Wirkung auf unser Ohr keine zufällige gewesen, sondern aus der eigenthümlichen Construction von Fugenthemen mit Nothwendigkeit hervorgehen müsse.

Der durchschnittlich festgehaltene melodische Umriss des Themas der classischen Fuge ähnelt nämlich, seiner Grundgestalt nach, den Contouren der beiden aufsteigenden und in einer

Spitze zusammenlaufenden Linien des Giebelfeldes eines griechischen Tempels.

Mitunter steigert ein solcher Umriss seine Steilheit auch bis zu den Contouren der beiden Schenkel eines gleichseitigen Dreiecks.

Die Musik symbolisirt nun solche Umrisse dadurch, dass sie einer ersten emporstrebenden Tonlinie eine zweite hinabsinkende Tonlinie folgen lässt, die durch einen, zwischen ihnen befindlichen und über beide hinausgehobenen scharf markirten Ton, in welchem sich beide wie in ihrem gemeinschaftlichen Gipfel treffen, in der Mitte energisch zusammengefasst werden. Die nachfolgenden Bach'schen Themen von Fugen und Sätzen des fugirten Styls zeigen uns solche Umrisse.

No. 12.

— 14 —

No. 13.

No. 14.

No. 15.

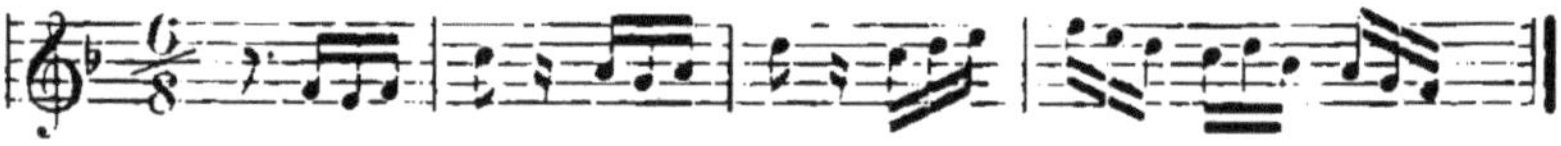

No. 16.

No. 17.

No. 18.

Wollte man einwerfen, dass in der Musik ja 'die meisten Melodien anfänglich ein Emporgehen gewahren lassen, auf welches ein Sinken folge, und dass die Neigung des tonalen Elementes, zu steigen und zu fallen daher nicht nur dem Fugenthema, sondern dem musikalischen Thema sowie aller Melodie überhaupt innewohne, so könnte dies doch nur unter so beschränkenden Bedingungen zugestanden werden, dass die hierbei vorausgesetzte Uebereinstimmung gewöhnlicher melodischer Tonlinien mit' den Umrissen von Fugenthemen sich schliesslich als eine illusorische erweisen und somit gerade die in diesem Falle zwischen dem Allgemeinen und dem Besonderen gähnende |Kluft den besten Beweis für die von uns dem fugirten Styl ausschliesslich vindicirte melodische Gestaltung seiner Themata liefern würde. Denn wenn auch alles Musiciren (natürlich nur in einem höchst allgemeinen Sinne gesprochen), durchschnittlich einem Anheben und einem darauf folgenden Niedersinken ähnelt, so ist doch unter diesem Hinauf und Hinab kein so kurz gefasstes, scharf gezeichnetes und continuirliches Steigen und Fallen zu verstehen, wie in den obigen Themen des fugirten Styls. Es lassen ferner die empor- und hinabgehenden Tonlinien der Themen 'anderer Style keine, auch nur annähernd so regelmässigen und auf der reinsten Symmetrie basirenden Verhältnisse untereinander gewahren, als Fugenthemen; auch steigen und fallen sie weniger steil, sondern gleichen meist nur sanften Anschwellungen, Wellenbewegungen und Rundbogenumrissen. Endlich würde man 'jenen, nur ein einziges Mal in einem thematischen Umriss vorkommenden und das Auf und Ab seiner Tonlinien energisch zusammenfassenden höchsten Ton, den das classische Fugenthema ausnahmslos besitzt, vergeblich in Sonatenthemen als Stylgesetz nachzuweisen versuchen.

Ueberdies aber muss bemerkt werden, dass die Themen und Motive anderer Style durchaus auch nicht, wie die Themata des fugirten Styles, durchschnittlich mit einem Emporgang zu beginnen pflegen. Im Mittelsatz z. B. des Allegros von Beethoven's Waldsteinsonate op. 53, sinkt die Melodie anfänglich gerade hinab, um dann erst zu steigen; wir haben hier also eine völlige Umkehrung der Bewegungsrichtungen des tonalen Umrisses des Fugenthemas. Die Introductionen der grossen Leonorenouvertüre No. 3 und der B-dur-Sinfonie von Beethoven beginnen mit langhin sich absenkenden Tonlinien; die ersten 5 Takte der C-moll-Sinfonie desselben Meisters zeigen nur hinabgehende Intervallschritte; das erste Motiv von Mozart's Champagnerlied im Don Juan und das Thema des *Batti, batti* aus der gleichen Oper lassen uns in der Höhe beginnende und von dort abwärts sinkende Tonfolgen gewahren; wiederum zuerst abwärts und dann aufwärts gehende Bewegungsrichtungen zeigen die Allegro-Themata der C-dur- und der C-moll-Sinfonie von Haydn (No. 7 und No. 9 der älteren Härtel'schen Partiturausgabe), zeigt das berühmte Motiv der Hörner in der Introduction zu Weber's Freischützouvertüre, sowie das Es-durmotiv der Solo-Clarinette, welches den Mittelsatz derselben Ouvertüre einleitet u. s. w.

Kehren wir nach dieser Abschweifung zu der Umrisslinie des classischen Fugenthemas zurück. An derselben haben wir, falls unsere Beobachtungen scharf und genau waren, dreierlei zu unterscheiden.

Erstens die aufwärts gehende Tonlinie des Themas, die ich als dessen **Hebung** bezeichnen möchte.

Zweitens die dieser sich anschliessende abwärts gehende Tonlinie, die ich die **Senkung** des Themas nennen will.

Drittens den, zwischen Hebung und Senkung befindlichen, beide Linien zusammenfassenden und doch von beiden sich scharf abhebenden gesteigertesten Ton des Themas, der am prägnantesten als dessen **Gipfelton** bezeichnet werden dürfte.

— 17 —

Eine solche Gliederung des melodischen Umrisses des classischen Fugenthemas lässt sich, wie schon an den früher mitgetheilten Beispielen, so auch an den nachfolgenden Bach'schen Fugenthemen höchst anschaulich nachweisen:

Das E-dur-Beispiel zeigt uns einen ohne Unterbrechung einfach auf- und absteigenden Umriss. Das ihm folgende E-moll-Thema lässt eine Hebung gewahren, die in zwiefacher Weise anwächst; nach oben nämlich mittelst der stufenweis emporgehenden Tonreihe:

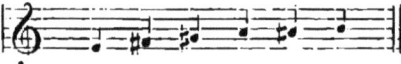

und gleichzeitig nach unten mittelst der ebenso stufenweis sich entwickelnden chromatisch-tonalen Linie:

Ich will hier schon bemerken, dass ein solches gleichzeitiges tonales Auseinandergehen nach oben und unten, selbst wenn es (wie dies bei einer einzigen Stimme nicht anders möglich sein kann), nur in gebrochenen Intervallen erfolgt ein Anwachsen und Anschwellen in der Musik darstellt, und zwar in noch weit potencirterer Weise, als eine nur einfach aufsteigende tonale Linie. Daher werden zwei Tonreihen, deren Bewegungsrichtungen folgende Umrisse beschreiben ◇, die Wirkung einer Hebung und Senkung in einem noch viel entschiedeneren Grade hervorrufen, als ein nur die nachstehenden Linien ◠ ◡ umschreibender Contour. Wenn nun aber Sebastian Bach solche Verstärkungen der emporgehenden Hälfte seiner Themata mehr als einmal versucht, so kann uns auch dies nur ein Beweis dafür sein, dass es sich bei solchen Gelegenheiten eben um das handelt, was ich im Fugenthema-Umriss als dessen Hebung und Senkung bezeichnete, deren Gesetzlichkeit der Tondichter, wenn auch nicht bewusst, so doch aus instinctiv vorhandenem künstlerischen Drange empfindet und zu einem erhöhten Ausdruck bringen will.

Die Senkung des in Rede stehenden E-moll-Themas ist wieder eine in ganz einfacher Weise erfolgende, deren vom H zum E reichende, stufenweis abwärts sinkende Linie nur einen einzigen rückläufigen Schritt (in dem lang ausgehaltenen Fis) gewahren lässt. Dagegen finden sich solche rückläufige Schritte in den

Hebungen und Senkungen der sich dem E-moll-Beispiel anschliessenden vier weiteren Beispiele nicht nur häufiger und in einer durch grössere Intervallenschritte sich kennzeichnenden Weise, sondern wir begegnen, in Folge hiervon, in diesen Beispielen auch weit ausgezackteren Linien ihrer Hebungen und Senkungen, als in dem E-dur- und E-moll-Thema, deren tonales Auf und Ab meist stufenweis fortschreitende Tonverbindungen darstellte.

Warum nun aber sind auch jene ausgezackteren tonalen Linien, wie sie uns die letzten Beispiele zeigen, nicht im Stande den Eindruck zu alteriren oder zu verwischen, dass wir es in ihnen regelmässig entweder mit einer Hebung, oder mit einer Senkung zu thun haben? — Warum erfolgt selbst hier die Wirkung eines tonalen Emporgehens und Sinkens in grösster — ja ich möchte fast sagen, in noch verstärkter Präcision auf unser Ohr, und woher kommt es endlich, dass wir den Moment des Uebergehens der aufwärts strebenden in die abwärts sinkende Linie in diesen letzten Beispielen nicht, wie in dem E-dur- und E-moll-Thema, blos als ein sanftes Umbiegen aus einer emporgehenden in eine hinabsinkende Tonverbindung empfinden, sondern geradezu als ein unvermitteltes und scharfes Abbrechen zwischen zwei entgegengesetzten Bewegungsrichtungen?

Eine befriedigende Antwort hierauf können wir nur erhalten, wenn wir uns zunächst abermals mit der Stelle im Umriss des Bach'schen Fugenthemas beschäftigen, an welcher dessen Hebung und Senkung einander berühren — ich meine, wenn wir unser Augenmerk zunächst nochmals auf jene hervortretendste, zwischen und über den beiden entgegengesetzten Melodielinien des thematischen Umrisses befindliche Tonstufe richten, die ich als den „Gipfelton" des Themas der Fuge bezeichnete. Nur von ihm her, als aus dem Angel- und Mittelpunkte des gesammten Umrisses des classischen Fugenthemas, lassen sich auch „Hebung" und „Senkung" hinsichtlich ihrer Bewegungsrichtungen völlig erklären und übersehen. Der Gipfelton des classischen Fugenthemas ist der Punkt in dessen melodischem Umriss, bei welchem sich Hebung und Senkung begegnen und treffen; und zwar in der Weise, dass beide gewissermaassen gleichen Antheil an jenem gesteigertesten Ton haben, indem derselbe ebensowohl als das Ende der Hebung, wie als der Anfang der Senkung angesehen werden kann. Auf diese Doppelstellung, die darum, weil sie eine zwiefache ist, mehr negativ als positiv erscheinen könnte, beschränkt sich jedoch die Bedeutung des Gipfeltons keineswegs. Derselbe besitzt vielmehr noch eine Existenz an und für sich, und der Beweis, den ich zu führen denke, dass dem so ist, gehört mit zu den stärksten Argumenten für die Thatsächlichkeit des von mir behaupteten besonderen tonalen Umrisses des classischen Fugenthemas.

Ehe ich jedoch jenes seltsame Heraustreten des Gipfeltons aus der thematischen Melodie, der er angehört, darthue, sei noch auf zwei andere, mit diesem gesteigertesten Momente im Thema der Fuge zusammenhängende Erscheinungen hingewiesen. — Der Gipfelton eines normalen Fugenthemas ist nämlich in der Regel nicht blos die am höchsten liegende Stufe in dessen tonalen Umriss, sondern darin auch, wie ich bereits sagte, mit seltenen Ausnahmen, nur ein einziges Mal vorhanden*). Es muss auch so sein, falls der Ausdruck „Gipfelton", mit dem ich jene gesteigerteste Stelle bezeichnete, auf innerer und äusserer Wahrheit beruhen soll; denn ein Gipfel, sobald er als der Scheitel- oder Culminationspunkt eines für sich bestehenden Ganzen gedacht ist, schliesst, seinem Begriffe nach, ein zweimaliges Vorhandensein ebenso sehr aus, wie der Begriff der Pyramide eine zweite Spitze ausser der einen, in welcher sie culminirt, aus unserer Anschauung verbannt. Mit diesem nur einmaligen Vorkommen eines höchsten Tones im melodischen Umriss eines Fugenthemas ist aber bereits eine Eigenthümlichkeit desselben berührt, die sich in den Themen keiner anderen Musikgattung, als mit deren Aufbau in gleicher Weise unabänderlich verbunden erweist.

Der Gipfelton eines Fugenthemas ist überdies, wie schon angedeutet, noch etwas mehr, als die nur einmal darin vorkommende höchste Tonstufe. Er erscheint in der Regel zugleich als ein besonderer, sowohl von der ihm vorausgehenden Hebung, als

---

*) Man überzeuge sich von der Wahrheit dieser Behauptung an den bereits mitgetheilten Fugenthemen.

von der ihm folgenden Senkung losgelöster Punkt, erhält so gleichsam eine isolirte Stellung zwischen jenen beiden auf ihn sich beziehenden Tonlinien und wird auch sonst noch in der mannigfaltigsten Weise aus dem tonalen Umriss, den er krönt, herausgehoben. Die Isolirung des Gipfeltons eines Fugenthemas wird, wie mich die Prüfung von vielleicht einem halben Tausend Themen des fugirten Styls lehrte (und zwar zunächst die Prüfung sämmtlicher Fugenthemen Bach's) auf mehr als eine Weise bewirkt. Unter welcher dieser Formen sie aber auch erfolgt — es wird bald ersichtlich, dass unter allen stets ein und dieselbe Wirkung beabsichtigt wird — nämlich eben die Wirkung, jenen, zwischen Hebung und Senkung befindlichen Centralton von diesen, beiden Tonlinien, als einen für sich bestehenden Moment, für den Hörer zu unterscheiden. Dies überzeugte mich davon, dass ich es] hier mit keinen Zufälligkeiten, sondern mit einem aus dem Geiste des Fugensatzes hervorgehenden Stylgesetze zu thun hatte.

Das gewöhnlichste Verfahren zu dem Zwecke der Isolirung des Gipfeltons besteht in seiner Trennung von der Hebung oder von der Senkung durch den grössten Intervallenschritt, der sich im Thema vorfindet. Hieraus erhellt schon, dass es sich gleich bleibt, ob eine solche kühnste Fortschreitung des Fugenthemas vor oder nach dem Gipfelton eintritt; erweist sich doch ihre Wirkung in beiden Fällen als dieselbe: dahingehend nämlich, jenen gesteigertesten Punkt so weit über seine Umgebung emporzuheben, dass er als die musikalische Spitze des betreffenden tonalen Umrisses sich darstelle.

Folgende Fugenthemen des wohltemperirten Claviers bringen ihren grössten Intervallenschritt unmittelbar vor dem Eintritt ihres Gipfeltons:

Unter den in diesem Capitel schon citirten Bach'schen Themen gehören auch die, unter den Nummern 8, 14, 18, 19, 20, 23 und 24 angeführten Beispiele noch hierher.

Themata der entgegengesetzten Art, d. h. solche, in denen der grösste Intervallenschritt im melodischen Umriss des Themas unmittelbar nach Ueberschreitung des Höhepunktes erfolgt, liefern beispielsweise nachstehende Fugenthemen des wohltemperirten Claviers:

Auch die bereits aus dem wohltemperirten Clavier früher angeführten Beispiele No. 7, 21 und 22 gehören hierher *).

Eine dritte Art, den Gipfelton eines Fugenthemas durch die bedeutendsten Intervallenschritte seines melodischen Umrisses hervorzuheben, tritt uns in einer Form entgegen, die ich als eine, aus den beiden bisher besprochenen Arten dies zu thun, combinirte Gattung bezeichnen möchte. Diese dritte Weise der Markirung besteht nämlich nicht blos darin, den Gipfelton von dem grössten Intervallenschritt im Thema entweder vorbereitet, oder gefolgt sein zu lassen, sondern es geschieht hier sowohl das eine, wie das andere, d. h. der Gipfelton tritt hier zwischen zwei bedeutenden Fortschreitungen auf, von denen meistens beide, immer aber wenigstens eine die absolut grösste im Thema ist. Die tonale Spitze der Melodie zeigt sich hier also auf jeder ihrer beiden Seiten von einem dieser grossen Intervallenschritte flankirt. Dass diese Weise ihrer Hervorhebung eine noch stärker wirkende sein müsse,

---

*) Vorbereitung und Placirung des Gipfeltones in dem obigen A-moll-Thema (No. 34) sind bewunderungswerth und von ergreifender Wirkung. Die ganze zum Gipfelton emporführende Hebung besteht hier, wie man sieht, nur aus stufenweisen Fortschreitungen. Kaum aber ist die tonale Spitze des Themas, das eingestrichene F, berührt worden, so stürzt sich die Melodie mittelst der Töne Gis, E plötzlich in kühnen Sprüngen in eine bedeutende Tiefe hinab:

Diese Tonfolge wirkt zugleich wie ein einziges Intervall; nämlich nicht als ein verminderter Septimenschritt mit nachfolgender grosser Terz, sondern vielmehr wie ein Nonenschritt. Eine solche Wirkung wird noch dadurch gesteigert, dass sich das dissonirende F erst bei der Berührung des Dominant-Tones E auflöst und dass die drei Achtel, die jenen Sprung in die Tiefe wagen, durch eine ihnen folgende Pause noch mehr von dem übrigen Thema isolirt und in sich zusammengeschlossen erscheinen, als sie es ohnedies schon sind. Da nun, im Contrast mit dieser weitausgreifenden Mitte der thematischen Melodie, ihr Ende fast wieder ebenso ruhig und fliessend gehalten ist wie ihr Anfang, so haben wir die Empfindung, als steige im vorliegenden Falle der Gipfelton in doppelt kühner und jäher Weise über sein Thema empor.

als selbst die der beiden andern bisher von uns beschriebenen Arten, obwohl doch auch diese schon nachdrücklich genug hervortraten, leuchtet ein. Die hier zwiefach erfolgende Lostrennung des Gipfeltons von der Thema-Melodie ist darum auch der denkbar gesteigertste Grad seiner Isolirung. Im Zusammenhang mit den ihn isolirenden Intervallen betrachtet, formulirt der Gipfelton bei solchen Gelegenheiten sogar einen besonderen Ausschnitt innerhalb des übrigen melodischen Umrisses. Wir würden diesen Ausschnitt in Linien vorgestellt, als einen spitzen Winkel, im Raume plastisch vorhanden aber als Spitze bezeichnen müssen. Das Vorhandensein einer solchen musikalischen Spitze steigert sich im vorliegenden Falle auch für unser Empfinden und Fühlen fast bis zur Handgreiflichkeit.

Folgende Fugenthemen Bach's mögen uns Beispiele der in Rede stehenden Gattung von doppelt isolirten Gipfeltönen liefern:

*) Dies Beispiel kann ebensowohl zu denen von der Gattung mit doppelt-, als zu denen mit einfach-isolirtem Gipfelton gezählt werden. Aus diesem Grunde brachten wir es schon früher.

**) Die dem Gipfelton folgende kleine Terz B verschwindet, sowohl ihres geringen Werthes als mangelnden Accentes halber, vor dem ihr folgenden eingestrichenen E; wir glauben daher einen Intervallenschritt im Umfang einer verminderten Septime zu hören.

*) Das Fis-moll-Beispiel ist insofern eine Ausnahme, als keines der beiden, den Gipfelton isolirenden Intervalle das grösste im Thema ist. Dies gleicht sich in der Wirkung jedoch durch die hohe Lage dieser Intervalle wieder aus.

**) Das viermalige Anschlagen des zweigestrichenen Es hindert nicht, dass nur das erste, den Accent besitzende, als Gipfelton wirkt; auf dieses Es allein beziehen sich daher für unser Gehör die beiden entscheidenden Intervallenschritte im Thema.

***) Semitonien verbinden sich für unser Ohr leicht mit dem Ton, in den sie sich auflösen, zu einem einzigen Intervallenschritt. Wir glauben daher hier mehr noch eine Septime, als eine Sexte in dem Intervallenschritt zu vernehmen, der zum Gipfelton emporleitet. Dasselbe gilt von den Intervallen, die zu den Gipfeltönen der Themen in F-moll, Gis-moll und E-moll (No. 43, 44 u. 45) emporführen.

†) Bei Beispielen, wie dieses, deren Gipfelton in einem Gliede einer Sequenz steht, wirken die denselben umgebenden Intervallenschritte, weil sie die höchstliegenden sind, stets als die hervortretendsten; namentlich wenn dieses Glied überdies die ganze Sequenz eröffnet. Doch sagt uns das G-moll-Beispiel No. 40, dass auch bei solchen Gelegenheiten feine Züge den Gipfelton manchmal noch besonders markiren; denn zum höchsten Ton des ersten Sequenzengliedes des G-moll-Themas steigt eine Sexte, zum höchsten Tone seines zweiten Sequenzengliedes dagegen nur eine Quarte empor.

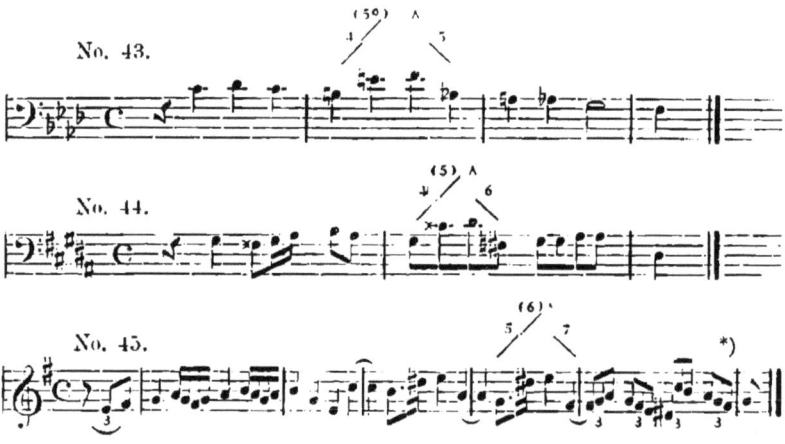

Es ist sehr merkwürdig, wie übereinstimmend in Bach'schen Fugenthemen häufig derjenige Theil ihrer Melodie ist, der den Gipfelton und dessen Nachbarschaft umfasst. Wir können uns hiervon überzeugen, wenn wir beispielsweise die vier letzten der soeben mitgetheilten Themen, besserer Uebersichtlichkeit halber, nach ein und derselben Tonart transponiren und ihre Gipfeltöne und deren Umgebung nebeneinander stellen:

Die hier stattfindende Uebereinstimmung der Umgebung von vier verschiedenen Gipfeltönen, ist eine so grosse, dass dieselben ein fast typisches Gepräge erhalten. Könnte man doch fast glauben, man habe es in der obigen Zusammenstellung nur mit Varianten ein und desselben melodischen Bruchstückes zu thun. Auch dies muss uns wiederum davon überzeugen, dass hier ein Gesetz im

---

*) In dem E-moll-Thema ist der Reichthum der darin enthaltenen Motive bemerkenswerth. Man kann sagen, dass dasselbe so viele verschiedene Motive als Takte umfasse.

Verborgenen wirkt, da nur ein solches eine derartige Aehnlichkeit der entscheidendsten Takte von vier verschiedenen Themen hervorzurufen im Stande ist.

Man ersieht aus den zuletzt abgehandelten Materien, dass ein einfacher Gipfelton, oder der Zusammenschluss eines Gipfeltons mit ihn isolirenden Intervallen nicht ein und dasselbe sind. Wie sollen wir nun aber Verbindungen des Gipfeltons mit seiner Umgebung — gleichviel ob er durch ein oder zwei Intervalle isolirt ist — zum Unterschiede von solchen Gipfeltönen bezeichnen, die entweder in nur stufenweiser Fortschreitung erreicht werden, oder nicht von den grössten Intervallen ihrer Thema-Melodie vorbereitet und gefolgt sind? — Ich glaube, dass der beste Name für eine solche ganze, aus dem übrigen thematischen Umriss sich hervorhebende Stelle die Bezeichnung „Höhepunkt des Themas" sein wird. Die Themen No. 25 bis 45 lassen uns daher nicht blos einfache Gipfeltöne, sondern vielmehr thematische Höhepunkte gewahren.

Die Markirung von Gipfeltönen durch die hervortretendsten Intervallenschritte in der Themamelodie, ist mit den bisher kenntlich gemachten Arten dieser Spezies von Fugenthemen noch keineswegs erschöpft. Mitunter begegnen wir auch den beiden hervortretendsten Intervallen eines thematischen Umrisses, statt, wie zuletzt, zu beiden Seiten des Gipfeltones, unmittelbar hintereinander vor demselben:

oder unmittelbar hintereinander nach demselben:

Auch die hier noch folgenden Bach'schen Fugenthemen bringen ihre grössten Intervallenschritte vor, nach oder zu beiden Seiten ihrer Gipfeltöne:

*) Im C-dur-Beispiel (No. 46) erscheinen der Quinten- und Sexten-Schritt, die dem Gipfelton vorhergehen, um so mächtiger, als das ganze übrige Thema fast nur aus stufenweisen Fortschreitungen besteht. Aber selbst an dieser auffallenden Markirung der tonalen Spitze lässt sich Bach nicht genügen, sondern giebt derselben zugleich den grössten Werth und Accent in der ganzen Melodie, ja er scheidet, zum Ueberfluss, den Gipfelton und das zu ihm gehörende Viertel G noch durch eine Achtelpause aus dem weiteren Verlaufe des Themas besonders aus.

und so wären noch viele weitere Bach'sche und andere Fugenthemen derselben Gattung beizubringen.*)

Eine abermals andere Art der Isolirung des Gipfeltons im Fugenthema markirt Bach durch Pausen. Wir lassen hier einige Beispiele dieser Gattung, sowohl aus dem wohltemperirten Clavier, wie aus anderen Fugenthemen Bach's folgen:

---

*) Sehr bemerkenswerth will es mir erscheinen, dass die melodischen Umrisse der Beispiele No. 50, 51 und 55, wenn wir von den grösseren Intervallenschritten, die sich an ihre Gipfeltöne anlehnen, absehen, eine nur stufenweise Fortbewegung gewahren lassen. Um so wuchtiger und gegensätzlicher wirken darum aber auch jene grösseren Intervallenschritte

— 30 —

No. 61.

Unter den vorstehenden Fugenthemen zeigen das in E-dur und A-moll ihren Gipfelton von jeder Seite her durch Pausen isolirt; in den beiden B-moll-Themen und dem D-dur-Thema findet sich die Pause unmittelbar vor dem Eintritt des Gipfeltons; im G-moll-Thema dagegen nach dem Gipfelton. Das letzte Thema ist zugleich ein abermaliges Beispiel von der Heraushebung des Gipfeltons aus seiner Themamelodie durch die beiden grössten ihn flankirenden Intervallenschritte des ganzen tonalen Umrisses. — Dass das zweite B-moll-Thema auch schon in seiner Hebung Pausen zeigt, verringert die Wirkung der Pause vor dem Gipfelton in keiner Weise; schieben sich doch zwischen jene Eingangspausen und der Gipfeltonspause $1^{2}/_{3}$ Takt breit ein und lassen die letztere nicht nur wieder neu und zugleich (weil sie vor dem höchsten Ton steht) als stärkste Caesur in der Melodie erscheinen, sondern setzen sie auch in eine musikalisch-organische Verbindung mit dem Thema-Anfang. Im G-moll-Thema endlich ist die Tonverbindung

nur die abwärts sinkende Sequenz der Tonverbindung:

Die betreffende Sequenz muss daher, gleich ihrem Vorbilde, auch von einer Pause gefolgt sein. Die letztere wird jedoch, wie man sieht, ursprünglich lediglich um der Markirung des Gipfeltones willen hervorgerufen und kommt darum auch vorzugsweise bei

und markiren in diesem Sinne die Gipfeltöne auf die sie sich beziehen. Das C-moll-Thema No. 52 entwickelt sich, bis zu dem zu seiner tonalen Spitze sich erhebenden Octavenschritt, ebenfalls nur stufenweis. Mit Ausnahme eines an seinem Ende befindlichen Terzenschrittes zeigt auch das C-dur-Beispiel No. 53 eine, mit den beiden seinen Gipfelton flankirenden Intervallenschritten contrastirende, stufenweise Fortbewegung.

diesem ihrem frühesten Auftreten zu der Wirkung einer tief
einschneidenden Caesur *).

Nach allem bisher Mitgetheilten fehlen uns, um Gipfeltöne
unter allen Umständen sofort zu erkennen und festzustellen, nur
noch einige wenige weitere Erfahrungen. Es ist in dieser Beziehung zunächst zu bemerken, dass, wenn ein und derselbe
höchste Ton ausnahmsweise zweimal in einem Thema vorkommt,
immer derjenige von beiden als Gipfelton wirkt, der den grösseren
Notenwerth besitzt oder den besseren Takttheil behauptet. In den
nachfolgenden Beispielen aus dem wohltemperirten Clavier erweist
sich daher in jedem einzelnen Falle derjenige der beiden concurrirenden Töne als Gipfelton, der durch das uns schon bekannte
Zeichen ∧ markirt ist, während wir den anderen durch ein NB
kennzeichneten:

*) Ich wies schon in einer früheren Anmerkung auf eine charakteristische
Verschiedenheit der beiden Sequenzenglieder des obigen G-moll-Themas hin.
Diese Verschiedenheit beschränkt sich jedoch nicht allein auf die in jener
Anmerkung erwähnten ungleichen Intervallenschritte beider Sequenzglieder, sondern zeigt sich auch darin, dass das erste Glied höchst gewich-
tig mit einem Viertel einsetzt, während ihm das zweite Glied nur mit
einem leichten Achteleinsatz folgt. Wir ersehen auch hieraus wieder, wie
sehr Bach, selbst innerhalb einer Sequenz, die Stelle besonders hervorzuheben liebt, welche den Gipfelton einschliesst.

No. 65.

NB.

Die in diesem Capitel unter den Nummern 13, 28, 35, 38, 40, 45, 46, 47, 48, 52, 54, 58 und 60 schon angeführten Themata sind ebenfalls Beispiele der vorstehenden Art. Auch in ihnen wirkt überall der, unter den beiden concurrirenden Tönen bezüglich seines Accentes und seiner Dauer **gewichtigere** und **werthvollere** Ton, als der Gipfelton.

Diese Regel erleidet nur in den allerseltensten Fällen eine Ausnahme. Anders dagegen verhalten sich die Dinge in Themen, die auf der höchsten Stufe ihrer Melodie zwei- oder mehrmal denselben Ton in **völlig gleichem** Tonwerth und Tongewicht besitzen. Hier entscheidet fast immer — namentlich, wenn diese Töne zugleich auf schlechten Takttheilen stehen — das grösste **Intervall** über den Gipfelton.

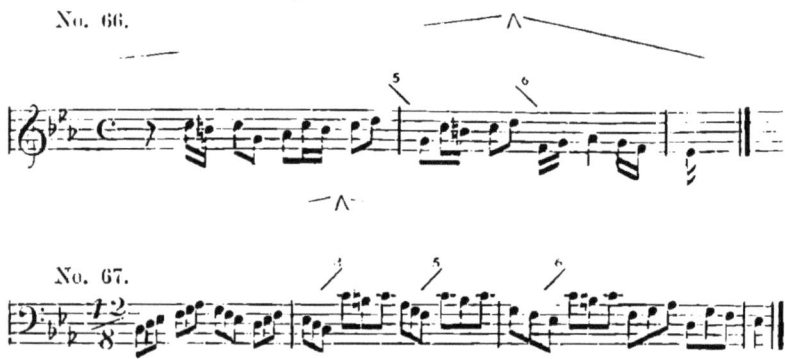

Darum erweist sich im Beispiel No. 66 das **letzte** der beiden zweigestrichenen D's, dagegen im folgenden Beispiel das **erste** der drei eingestrichenen C's als Gipfelton; denn auf das bezeichnete D folgt ein Sextenschritt, zu dem bezeichneten C führt ein Octavenschritt; beide Töne werden somit durch die umfangreichsten Fortschreitungen der Thema-Melodien, denen sie angehören, ausgezeichnet.

Es muss hier gleich bemerkt werden, dass ein derartiges ausnahmsweises Vorhandensein zweier oder mehrerer, die gleiche Stufe einnehmender höchster Töne in einem Fugenthema, unserer früher ausgesprochenen Erfahrung, dass sich in einem solchen Thema bei Sebastian Bach stets nur ein **einziger** höchster Ton vorfinde, keineswegs widerspricht. Denn nicht allein die Stufe, die ein Ton in der Scala einnimmt, entscheidet für unser Ohr über seine Höhe, sondern diese wird ebenso sehr durch die sich auf ihn beziehenden Verhältnisse von **Oben** und **Unten**, d. h. durch seinen Abstand von dem, ihm in der thematischen Melodie zunächst vorhergehenden oder folgenden Ton bestimmt. Hiernach ist für den Hörer das D, im ersten der beiden zuletzt mitgetheilten C-moll-Beispiele, welchem der **Sextenschritt** folgt, in Wahrheit höher, als das gleiche D, dem nur ein **Quintenschritt** folgt, denn es **klingt** eben höher. Aus demselben Grunde ist im zweiten Beispiele das eingestrichene C, dem der **Octavenschritt** vorausgeht, höher, als die anderen, durch geringere Intervallenschritte eingeleiteten Töne derselben Stufe. Und wenn in den beiden nachfolgenden Takten des schon früher angeführten Bach'schen Beispiels No. 45:

Das zweigestrichene E des letzten Taktes sich bedeutend höher und kühner emporzugipfeln scheint, als das zweigestrichene E des ersten Taktes, so hat auch dies die nämlichen Ursachen. Denn das erste E erscheint nur darum weniger hoch als das zweite E, weil die es isolirenden Intervallenschritte um so vieles geringer sind, als die Intervallenschritte, welche das ihm folgende E umgeben und dieses darum als Gipfelton des ganzen Themas wirken lassen.

Mit den zuletzt gemachten Erfahrungen hängt noch eine weitere zusammen. Wir bemerken nämlich, dass selbst der **zweithöchste** Ton eines Fugenthemas noch als Gipfelton zu wirken vermag, wenn er stärkere **Accente** oder **Werthe** besitzt, als der ihn

um eine halbe oder ganze Stufe übertreffende Ton desselben
Themas. Hiervon überzeugen uns die nachstehenden Beispiele:

No. 68.

No. 69.

No. 70.

Das E-moll-Beispiel zeigt uns einen, von einem höheren Tone desselben Themas noch um eine halbe Stufe übertroffenen, das C-dur-Beispiel einen in gleicher Weise um eine ganze Stufe übertroffenen Gipfelton; der letztere hat jedoch in beiden Beispielen den stärkeren Accent. Der Gipfelton des C-moll-Beispiels, das kleine G, besitzt nicht nur einen stärkeren Accent, sondern auch einen grösseren Werth, als das um eine halbe Stufe höhere As.

Es ist ferner mitzutheilen, dass man den Gipfelton nicht in allen Fällen zwischen den (nach Stufen gezählt) grössten Intervallenschritten der Themamelodie zu suchen hat. Der Grund hierfür ist höchst eigenthümlicher und dennoch von einer, dem Musiker von Fach bald verständlich werdenden Art. Ist nämlich ein sich dem Gipfelton anschliessender Intervallenschritt ein verminderter oder übermässiger, so wirkt er, vermöge seiner Ungewöhnlichkeit und hohen Lage, stärker und hervortretender, als ein seinem Umfange nach grösserer, sonst aber normaler und tiefer liegender Intervallenschritt derselben Themamelodie. Der Hörer empfängt daher bei solchen Gelegenheiten den Eindruck, als wenn der kleinere Intervallenschritt dennoch der grössere wäre. Bach verfährt somit auch in derartigen Fällen nur consequent, indem er ja auch hier seinen Gipfelton durch denjenigen Intervallenschritt auszeichnet, der am stärksten hervortritt und darum als der grösste im Fugenthema wirkt. Folgende Themen liefern Beispiele der geschilderten Art.

In dem D-moll-Beispiel tritt die dem Gipfelton folgende falsche Quinte H, da sie eine ungewöhnliche melodische Fortschreitung ist, weit eindringlicher hervor, als die später folgende reine Quinte D—G, obwohl diese das in Wahrheit grössere Intervall ist. Im Beispiel Nr. 72 wirkt die den Gipfelton vorbereitende Fortschreitung Ais-His, da sie in einem Fis-moll-Thema äusserst auffallend ist, weit stärker, als der später folgende und um eine halbe Stufe umfangreichere Terzenschritt A—Cis. In dem schon wiederholt erwähnten E-moll-Thema No. 45 wirkt der übermässige Quintenschritt: (und zwar auch hier seiner Ungewöhnlichkeit halber), als wäre er grösser, wie der im zweiten Takte des Themas vorhandene Sextenschritt: Solche Erscheinungen können uns daher als Beispiele dafür dienen, dass die Wirkung eines Intervalles oder Intervallenschrittes, als eines grösseren oder kleineren, nicht immer allein durch den Abstand seiner beiden Tonstufen von einander bestimmt wird, sondern ebensowohl durch deren Qualität. Das reale Verhältniss zweier Töne zueinander, ich meine der Umfang eines Intervalls, ist daher nur der eine der auf unser Gefühl wirkenden Faktoren; der nicht minder wichtige andere Faktor ist der, in das Gebiet des musikalischen Ausdrucks spielende Charakter eines Intervalls; namentlich der Umstand, ob dasselbe Tonstufen berührt, die ich, der Reizung halber, die sie auf unser Gehör ausüben, als „empfindliche" bezeichnen möchte.

Auch mit dieser Erfahrung hängt wiederum eine abermalige weitere zusammen. Fast immer nämlich verlangen übermässige und verminderte Intervalle eine Auflösung, gleichviel, ob solche Intervalle in ursprünglicher, ungebrochener Gestalt, oder als melodische Fortschreitungen auftreten. Im letzteren Falle ist es meist ihr zweiter, ausnahmsweise jedoch auch ihr erster Ton, der auflösungsbedürftig ist, indem er als eine erhöhte oder verminderte Stufe, häufig auch als Septime oder Semitonium, eine Auflösung nach oben oder nach unten fordert.*) Bei solchen Gelegenheiten nun verschmilzt für den Hörer der Auflösungston (d. h. der Ton, bei dessen Berührung die Dissonanz wieder zur Consonanz, die Verneinung wieder zur Bejahung wird) mit der zu ihm hinführenden dissonirenden Stufe zu einem einzigen und daher sich vergrössernden Intervallenschritt, der, wenn er sich dem Gipfelton anschliesst, diesen, um ebensoviel als er selbst umfangreicher geworden ist, emporträgt und aus dem tonalen Umriss der Themamelodie als Spitze des Ganzen heraushebt:

Im C-dur-Beispiel wirkt der Schritt zum Gipfelton hinauf nicht wie ein Sexten-, sondern wie ein Septimenschritt; desgleichen im C-moll-Thema (trotz der Pause) nicht wie ein Sexten-, sondern wie

*) Dieses Gesetz berührte ich schon vorübergehend in der Anmerkung zu Beispiel No. 41.

ein Septimenschritt. In beiden Fällen ist es das nach oben und nach seiner Auflösung drängende Semitonium, welches die betreffenden Fortschreitungen um eine halbe Stufe umfangreicher erscheinen lässt, als sie in Wahrheit sind.*)

Die scheinbare **Vergrösserung** eines Intervallenschrittes kann übrigens noch auf eine andere als die obige Art für den Hörer erfolgen. Eine solche Täuschung findet statt, wenn sich in den Umfang eines übermässigen oder verminderten Intervalls ein Ton von verhältnissmässiger **Gleichgültigkeit** einschiebt. In diesem Falle verschwindet der betreffende **indifferente** Ton für den Hörer so sehr, dass der Letztere eigentlich nur noch das **abnorme** Intervall zu vernehmen glaubt; jedenfalls prägt sich dasselbe dem Gedächtniss weit lebhafter ein, als der dazwischen geschobene Ton. Tritt nun eine solche Tonverbindung (wie dies in den meisten Fällen geschieht) mit dem Gipfelton in Bezug, so hat sie nicht allein die Wirkung, diesem ihren hervorstechenden, herben Klangcharakter gleichsam mitzutheilen und ihn dadurch schroffer und steiler erscheinen zu lassen, sondern sie steigert denselben auch um ebenso vieles hinauf, als sie selbst umfangreicher geworden erscheint:

No. 75.

No. 76.

In dem G-moll-Beispiel macht uns unser Ohr glauben, dass dem Gipfelton Es kein Sexten-, sondern ein verminderter Septimenschritt folge; in dem C-moll-Beispiel vermeinen wir, nach dem Gipfel-

---

*) Aehnliche Beispiele liefern die, Semitonien enthaltenden Intervallenschritte der bereits angeführten Themen No. 11, 21, 22, 25 und 45. Auch in ihnen verschmelzen für das Ohr der auflösungsbedürftige Ton und die Stufe in die er sich auflöst zu einer einzigen Fortschreitung.

ton As nicht zwei kleine Terzen und einen Quintenschritt, sondern abermals eine Fortschreitung im Umfange einer verminderten Septime zu vernehmen.*)

In dem letzten Beispiel, No. 76, begegnen wir überdies noch einer ganz besonderen Behandlungsweise des Gipfeltons. Wir bemerken nämlich, dass derselbe, nach Dazwischenschiebung einer kurzen, steil abwärts sinkenden Tonverbindung, gewissermaassen zum zweiten Mal ertönt, und zwar diesmal in Folge eines einfachen Zurück- und Emporspringens zu der eben von ihm verlassenen Höhe. Erst nach diesem scheinbar wiederholten Auftreten des Gipfeltons schliesst sich ihm die gewöhnliche Senkung an. Hiermit ist aber nur der tonale Zusammenhang einer solchen Themagestaltung in seiner äusserlichen Allgemeinheit ausgesprochen, durchaus nicht das, was dieselbe von allen anderen unterscheidet. Dies Unterscheidende liegt darin, dass wir die Empfindung haben, als ob jener wiederholt angeschlagene Gipfelton, trotz der zwischen seinem ersten und zweiten Einsatz sich aufthuenden Kluft, über dieser Tiefe gleichsam ununterbrochen weiter forttöne und hierdurch den Eindruck seines zweimaligen Auftretens für unser Ohr wieder gänzlich aufhebe. — Es scheint mir, dass man eine derartige Gestaltung der tonalen Spitze eines Fugenthemas (die übrigens eine äusserst seltene ist) am zutreffendsten als einen „Gipfelton mit verzögerter Senkung" bezeichnet. Will man das Gesetz aussprechen, das dieser merkwürdigen und besonderen Art tonaler Zuspitzung zu Grunde liegt, so würde dasselbe lauten: Gipfeltöne mit verzögerter Senkung sind solche, nach deren Berührung die Thema-Melodie plötzlich in die Tiefe geht (meistens im Umfang einer verminderten Septime) um hierauf, ebenso abgebrochen und plötzlich, mit einer Stufe, welche ebenfalls die Höhe des Gipfeltons besitzt, wieder einzusetzen, worauf dann erst die regelmässige Senkung folgt. Betrachten wir einen solchen Gipfelton in seiner engen Verbindung mit seiner nächsten Umgebung, so erweitert er sich (in gleicher Weise, wie jene uns schon bekannten Gipfeltöne,

---

*) Vergleiche hiermit die Anmerkung zu Beispiel No. 38, sowie die Themen No. 34 und 42.

die wir mit den sie auf beiden Seiten isolirenden Intervallen als
eine Einheit zusammenfassten) ebenfalls zu einem Höhepunkt
im Centrum des Themas. Man glaube nicht, dass der Gipfelton
durch eine verzögerte Senkung etwas von seiner Eigenschaft, als
die musikalische Spitze des Themas zu wirken, einbüsse. Die bei
einer solchen Gelegenheit eintretenden, sich unmittelbar folgenden
gewaltigen Schritte in die Tiefe hinab, und aus dieser Tiefe wieder
empor zu der eben verlassenen Höhe, malen die steile vertikale
Stellung des Gipfeltons über seiner Basis in fast noch anschaulicherer
Weise, als dies in anderen Fällen möglich ist, ja
sie lassen dessen Charakter, als tonale Zuspitzung eines ganzen
melodischen Umrisses, durch die scharfe Auszackung der Mitte
des Letzteren, noch fühlbarer werden wie sonst.

Die Ermittelung von Gipfeltönen wird in manchen Fällen,
namentlich, wenn es sich um Sequenzen handelt, dadurch erleichtert,
dass man einfach den höchsten Ton des letzten Gliedes
einer in einer Hebung aufsteigenden Sequenz, oder umgekehrt
den höchsten Ton des ersten Gliedes einer in einer Senkung niedergehenden
Sequenz aufsucht. In beiden Fällen ist der betreffende
Ton gewöhnlich ebensowohl der höchstliegende, als der
innerlich gesteigerteste des Themas, in welchem er enthalten ist.
Beispiele der ersten Gattung liefern die beiden hier folgenden
Themata aus dem wohltemperirten Clavier, deren Sequenzglieder
numerirt sind:

Einem Beispiel der letzteren Art begegnen wir in dem folgenden
Bach'schen Orgel-Fugenthema:

No. 79.

Ich will hier nochmals betonen, was ich schon einmal im Vorübergehen erwähnte, den Umstand nämlich, dass Bach in den Fällen, in welchen sein Gipfelton eine Sequenz krönt, dasjenige Glied derselben, welches die tonale Spitze des Themas enthält, meist noch besonders auszeichnet. Dies ist schon an dem vorhin citirten H-moll-Beispiel No. 78 ersichtlich, dessen Sequenz, in ihrem sich dem Gipfelton nähernden zweiten und dritten Gliede weit grössere Intervallenschritte gewahren lässt, als in ihrem, vom Gipfelton weiter abstehenden ersten Gliede. Nicht weniger zeigt sich eine solche Steigerung einer Sequenz auf den Gipfelton zu in dem schon angeführten Bach'schen A-dur-Thema:

Der hier zum Gipfelton hinaufführende letzte Quartenschritt E—A erscheint nämlich bedeutend hervortretender, als die vier ihm vorausgehenden Quartenschritte. Und zwar keineswegs nur aus dem Grunde, weil derselbe das höchstliegende Glied der hier in Frage kommenden Sequenz ist, sondern in noch weit entschiedenerer Weise darum, weil er, um den Gipfelton A zu erreichen, eine Stufe höher einsetzt, als alle seine Vorgänger. Denn, hätte er die Reihenfolge der Letzteren nur einfach fortsetzen sollen, so würde er das zweigestrichene D und Gis haben bringen müssen; er bringt aber, statt dessen, das zweigestrichene E und A. Darum klingt denn auch die zweite Hälfte der obigen Sequenz:

weit kühner als deren erste Hälfte:

Wir erfahren somit, dass solche scheinbar unbedeutende Verschiedenheiten ebensowenig unwesentliche sind, als die durch dieselben auf den Hörer hervorgerufenen Wirkungen; sie lehren im Gegentheil, dass das Gesetz der Steigerung eines Fugenthemas auf seinen Gipfelton zu, sich meistens bis in jede Einzelheit seines melodischen Umrisses hinein verfolgen und nachweisen lässt.

Regel ist es in allen Fugenthemen, die ihren Styl rein vertreten, dass sich der Gipfelton völlig oder doch ungefähr in der Mitte ihres melodischen Umrisses befinde. Doch ist auch diese Regel nicht ohne Ausnahmen. Wir finden Fugenthemen, welche uns den Gipfelton entweder in einer Verschiebung gegen den Anfang, oder gegen das Ende ihres melodischen Umrisses gewahren lassen. Im ersten Falle ist die Hebung ungewöhnlich kurz und die Senkung bei weitem länger; im zweiten Falle treten die umgekehrten Verhältnisse ein: eine umfangreiche Hebung nämlich, auf die eine nur ganz knappe Senkung folgt. Die beiden sich anschliessenden Beispiele aus dem wohltemperirten Clavier zeigen uns den Gipfelton in seiner Verrückung gegen den Anfang des Themas:

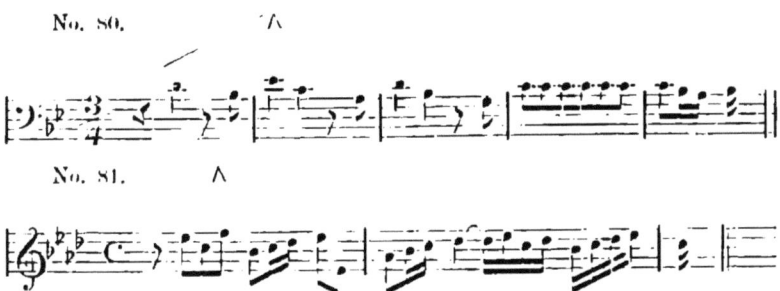

Nachstehendes Beispiel aus dem gleichen Werke lässt uns den Gipfelton in seiner Verschiebung gegen den Schluss des Themas gewahren:

No. 82. ∧

Der Gipfelton erleidet aber nicht nur Verschiebungen, sondern es giebt selbst vereinzelte Fugenthemen, denen er ganz zu fehlen scheint. Dennoch ist er auch bei solchen Gelegenheiten in dem betreffenden Thema vorhanden, wie uns ein aufmerksames Prüfen unseres musikalischen Empfindens und ein näheres Zusehen in derartigen Fällen stets darthun werden. Oberflächlich betrachtet, scheint z. B. das Bach'sche Orgelfugenthema:

No. 83.

eines Gipfeltones ganz zu entbehren. Sehen wir aber näher zu, so bemerken wir darin eine Scala von Tönen, die, indem sie andauernd unter das sich stets wiederholende zweigestrichene C hinabsinkt, dieses C zugleich fort und fort erhöht, bis sie, bei ihren tiefsten Tone, dem eingestrichenen D angelangt, den Gipfelton gerade durch den nunmehr erreichten weitesten Abstand des tonalen Oben vom tonalen Unten, deutlich bezeichnet. Jenes D führt nämlich, wie man sieht, mit einem Septimenschritt zum nächstfolgenden C empor, das letztere wird also hierdurch, nach der uns schon bekannten Regel, dass die grösste Fortschreitung eines Fugenthemas unmittelbar dessen gesteigerteste Stufe vorbereitet und bezeichnet, zum Gipfelton des ganzen in Rede stehenden Beispiels.*)

*) Es ist sehr lehrreich, mit dem obigen C-dur-Thema das Thema der E-moll-Fuge im ersten Theil des wohltemperirten Claviers zu vergleichen, das ich bereits als No. 68 aufführte. Im Thema der E-moll-Fuge sinkt nämlich ebenfalls eine Tonreihe unter einem, durch seine Wiederholungen gleichsam stillstehend erscheinenden Ton — dort dem zweigestrichenen E — in die Tiefe. Es steht aber diese Tonreihe nicht (wie im obigen C-dur-Beispiel) in der Hebung, sondern vielmehr in der Senkung des Themas. Die Ursache hiervon ist die gänzlich andere Construction des E-moll-Themas, sowie in noch höherem Grade die besondere Natur seines

Auch dem folgenden Bach'schen Orgelfugenthema scheint ein Höhepunkt zu mangeln:

No. 84.

Er fehlt jedoch abermals nicht; unser Ohr vernimmt ihn vielmehr höchst deutlich in dem letzten der vier eingestrichenen A, welche das Thema eröffnen. Und auch hier werden uns sofort die Gründe einer solchen Wirkung klar. Die Erfahrung lehrt nämlich, dass identische Tonstufen, wenn sie sich in der Weise wiederholen, dass keine derselben einen guten Takttheil berührt, den Accent desjenigen Tones bedeutend erhöhen, der sich ihnen auf dem nächsten guten Takttheil anschliesst. Dies geschieht hier. Keines der drei A, mit denen das Thema beginnt, behauptet einen guten Takttheil; sie erhalten dadurch etwas Schwebendes und, weil das ihnen folgende vierte A den ersten wirklichen Accent bringt, zugleich etwas zu diesem letzten A hin sich Steigerndes. Eine Steigerung oder ein Crescendo sind aber in der Musik immer einem Wachsen und daher auch einem Emporgehen verwandt. Daher erscheint es nur natürlich, dass der Hörer im vorliegenden Falle in den drei schwebenden Achteln eine Hebung zu vernehmen glaubt, dass er das vierte Achtel, auf welches dessen Vorgänger ihr geringes aber immerhin vorhandenes Gewicht gleichsam mit abladen und seine Wucht dadurch noch verstärken, als Gipfel-

Gipfeltones. Als solcher giebt sich unzweideutig das zweigestrichene Dis dort kund. Und zwar erstens darum, weil diesem Dis eine wenn auch kurze, so doch höchst entschieden ausgesprochene Hebung vorhergeht (die das C-dur-Thema erst durch sich erweiternde tonale Abstände darzustellen versucht); zweitens darum, weil jene Hebung zugleich als die mächtigste und grösste Fortschreitung in der Melodie des E-moll-Themas wirkt; drittens aus dem Grunde, weil das erwähnte Dis als der dissonirendste Ton im ganzen Umriss seiner Themamelodie hervortritt und ein viel schwereres rhythmisches Gewicht besitzt wie das ihm entsprechende eingestrichene H im C-dur-Beispiel; viertens, weil die dem Dis absteigend sich anschliessende Tonreihe keine diatonische (wie im C-dur-Thema), sondern eine chromatische ist, eine chromatisch absteigende Scala aber (wie ich an einem anderen Orte zu beweisen denke) im Fugenthema stets auf eine Senkung deutet.

ton empfindet, und dass er endlich, was dann folgt, als regelmässige Senkung vernimmt, welche wir ja auch in der That hier vor uns haben. In höchst vereinzelten Ausnahmefällen verkehrt sich der Gipfelton auch in sein Gegentheil; d. h. das Fugenthema umschreibt, statt des uns schon bekannten Umrisses: ⌒, den Umriss: ⌄ durch seine Melodie. Dies ist keine Aufhebung jenes von uns aufgefundenen Grundgesetzes, nach welchem Fugenthemen eine Hebung, einen Gipfelton und eine Senkung besitzen müssen, sondern vielmehr nur dessen Erfüllung nach der entgegengesetzten Seite hin, und somit zugleich eine **Ergänzung** des im fugirten Styl waltenden formengestaltenden Princips, wie sie jedes derartige Stylgesetz auch in den **andern** Künsten gewahren lässt. Beim Fugenthema erscheint diese Form seines Auftretens um so näher liegend, als hier, (ganz abgesehen von aller eigentlichen **Architektonik** der Fuge) schon die von der bisherigen **Theorie** aufgestellten Gesetze des Fugensatzes die mannigfaltigsten Verkehrungen des Themas in sein Gegentheil, (sei es durch einfache Umkehrung, sei es durch rückläufige Bewegung u. s. w.) lehren. — Beispiele einer absoluten Umkehrung des, gesetzlich sonst überall im fugirten Styl feststehenden melodischen Umrisses liefern uns folgende Themen Seb. Bachs:

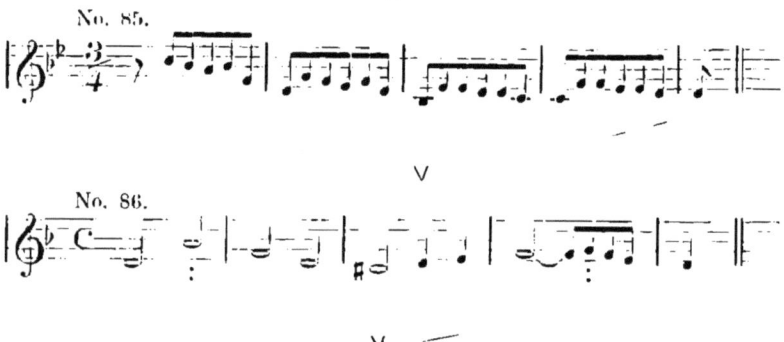

Wir sehen, dass in beiden Themen die Senkung das **erste** und die Hebung das **zweite** Moment der Bewegungsrichtung geworden ist, während sich zugleich der **gesteigerteste** Ton des ganzen melodischen Umrisses in dessen tiefsten Ton verwandelt hat. Einen solchen können wir aber unmöglich mehr als Gipfelton bezeichnen, sondern nennen ihn vielmehr den **Schwerpunkt** des Themas. Dieser Name erscheint um so berechtigter, da gerade Accent und Gewicht als die wesentlichsten Eigenschaften dieses Centraltons, in Themen der obigen Art hervortreten. Im Uebrigen hat der Schwerpunkt mit dem Gipfelton gemein, dass er, wie dieser, Hebung und Senkung kräftig zusammenfasst, nur einmal im melodischen Umriss seines Themas vorhanden ist und meistens dessen Mitte behauptet.*)

Mit den bisher namhaft gemachten verschiedenen Arten den Gipfelton zu markiren, dürfte so ziemlich alles erschöpft sein, was in dieser Beziehung zu sagen war. Dies schliesst nicht aus, dass immer noch einzelne besondere Fälle übrig bleiben können, die sich nicht einer der uns bereits bekannten Weisen, den Gipfelton zu placiren, zu isoliren oder vorzubereiten, einreihen lassen. So zeigt uns z. B. das wohltemperirte Clavier im Thema der D-dur-Fuge seines zweiten Theils eine solche Ausnahme:

No. 87.

Hier liegt, höchst anomal, der Beginn der **Hebung** zwei Stufen über dem Gipfelton. Wenn nun unser Ohr trotzdem den völlig

---

*) Ich bemerke noch, dass das obige B-dur-Thema (No. 85) das **einzige** seiner Gattung im ganzen wohltemperirten Clavier ist und dass das ihm folgende D-moll-Thema Bach's „Kunst der Fuge" zu Grunde liegt. Da das letztere nun in seiner weiteren Bearbeitung auch in folgender Umkehrung vorkommt:

so wird es bis zur Evidenz klar, dass hier Umkehrung nach den Gesetzen der musikalischen Theorie und Verkehrung des musikalischen Umrisses hinsichtlich seiner Grundgestalt völlig identisch sind. Denn in der vorstehenden Bearbeitung wird aus Senkung, Schwerpunkt und Hebung — wieder Hebung, Gipfelton und Senkung.

normalen Umriss eines Fugenthemas zu hören glaubt, so liegt dies daran, dass das beginnende dreimalige D nur schlechte Takttheile behauptet und dass das dadurch gebildete Motiv somit **schwebender Natur ist.** Wir wissen aber, dass solche schwebend wiederholte Töne sich auf den ersten ihnen folgenden **markirten** Accent hin zu steigern und dessen Gewicht zu verstärken pflegen.*) Dies geschieht auch hier; jedoch nicht in Beziehung auf das nachfolgende G, denn dasselbe geht **hinab**, was dem Wesen einer Hebung widerspricht, sondern mit Bezug auf das spätere H, weil dieses **steigt.** Zudem bekommt das H noch eine besondere Wucht dadurch, dass es, auf einem schlechten Takttheil einsetzend, an den **besten** Takttheil des nächsten Taktes **angebunden ist.** So wirkt es halb wie ein Gipfelton, halb wie ein Schwerpunkt und erweist sich jedenfalls als ein, den ganzen Umriss seiner Themamelodie **absolut beherrschendes Centrum.****)

Wenn nun selbst besonders hervorgesuchte Ausnahmen, wie das eben mitgetheilte Beispiel, das im melodischen Umriss der Fuge waltende Gesetz in ihrer Art abermals bestätigen, so kann, gegenüber der kaum zu übersehenden Anzahl von Themen, die jenes Gesetz zur **Regel** werden lassen, das Vorhandensein desselben wohl nur noch von eingefleischten Skeptikern, oder Solchen, die absichtlich nicht sehen wollen, angezweifelt werden.

Damit man nun aber nicht glaube, die unbewusste Manifestation eines solchen Gesetzes in unseres Grossmeisters Seb. Bach's Fugenthemen hänge mehr mit einer besonderen Seite seiner persönlichen Begabung zusammen, als dass sie als Norm für den ganzen Styl zu gelten habe, so füge ich hier gleich hinzu, dass sich ebendasselbe Princip, nach welchem sich die Umrisslinien von Bach's Fugenthemen gliedern, auch bei allen andern Meistern zeigt, die den Fugenstyl rein repräsentiren. Daher vorzugsweise bei unsern grossen Classikern, die Epoche machend in die Kunst-

---

*) Vergleiche Beispiel No. 84 und die daran sich knüpfende Erörterung.

**) Die Senkung verläuft ganz regelmässig und giebt darum zu keiner weiteren Bemerkung Anlass.

geschichte eingriffen und ihre Zeit in unvergänglicher Schönheit überdauerten. Diejenigen Meister dagegen, deren Werke mit ihnen selber und ihrem Jahrhundert veralteten oder untergingen, bringen, höchst charakteristischer Weise, auch die **Stylgesetze** der verschiedenen Musikformen, deren sie sich bedienten, meist nur unklar ausgeprägt, verstümmelt, oder selbst ohne jeden, das Rechte treffenden künstlerischen Instinkt zur Erscheinung.

Die nachfolgenden Themen von **Georg Friedrich Händel** entwickeln das Princip, aus dem die Umrisslinien des Fugenthemas hervorwachsen, in tadelloser Reine, sowie in vollster Uebereinstimmung mit den Gesetzen, die wir bei Bach wirken sahen:

Von diesen Fugenthemen, die zwei Orchestersätzen und einem Clavierwerke Händel's entnommen sind, hat nicht nur ein jedes einen Gipfelton, der dominirend und in einer selbst für das blosse Auge stark markirten Weise über sein Thema emporragt, sondern es steht auch mit jedem dieser Gipfeltöne entweder der absolut grösste, oder doch der durchschnittlich grösste und zugleich am höchsten gelegene Intervallenschritt der betreffenden Themamelodie in unmittelbarer Verbindung. Das 2. Beispiel besitzt zudem noch jene charakteristische Pause vor Eintritt des Gipfeltons, die wir

---

*) Die beiden beginnenden Beispiele sind den Ouvertüren zum Alexandersfest und Judas Maccabäus, die vier folgenden den 6 Clavierfugen Händel's (S. Härtel'sche Gesammtausgabe Bd. II, 4. Sammlung der Clavierstücke) entlehnt. Fünf von diesen 6 Clavierfugen besitzen streng normale Themen, nur ein einziges darunter zeigt ein anomales Thema. Hiermit dürfte überhaupt das Verhältniss bezeichnet sein, in welchem Themen Händel's zu den von mir entwickelten stylistischen Gesetzen des Aufbaues des classischen Fugenthemas stehen. Ich habe noch zu bemerken, dass ich die Themen von zwei der Clavierfugen in der Antwort mittheilte, da sie in dieser in ihrer reinsten und präcisesten Fassung auftreten; doch ist hinzuzufügen, dass sie auch schon in der Gestalt, in der sie der *Dux* einführt, allen Gesetzen der Melodiegestaltung des classischen Fugenthemas völlig gerecht werden. Für das Thema No. 93 muss Händel übrigens eine besondere Vorliebe gehabt haben, da er es fast unverändert auch dem Chore seines Israel in Aegypten: „Sie konnten nicht trinken das Wasser" unterlegt. Die abnormen Intervalle der Hebung (eine grosse und verminderte Septime) malen dort unnachahmlich schön und treffend die Unmöglichkeit des Trinkenkönnens, die chromatische Melodie der Senkung dagegen den Kummer und Ekel darüber, dass, (wie die dazu zu singenden Worte sagen) „der Strom in Blut verwandelt" worden.

bei Bach kennen lernten, und im 3. 4. 5. u. 6. der obigen Themen, begegnen wir, in den angebundenen Vierteln ihrer Senkungen, einer der in die melodische Bewegung einschneidenden Caesuren, an welchen die Bach'schen Fugenthemen so reich sind. Als die fühlbarsten Einschnitte in die Melodie markiren sich freilich auch bei Händel die kühnen Fortschreitungen, die den Gipfelton vorbereiten oder sich demselben anschliessen. In dieser Beziehung ist besonders der Eingang des letzten Themas (Nr. 93) bemerkenswerth. Die hier in kühnen und gewaltig ausgezackten Linien hinauf- und hinabfahrende Melodie (im Discant lautet dieselbe sogar:

etc.) wirkt auf das Ohr genau so, wie ein in scharfen Kanten und Ecken hingezeichneter Umriss auf das Auge wirkt.

Auch die Themen von Händel's in fugirter Weise behandelter Ouverture zu dem Oratorium Samson und zum Schlusschor von „Israel in Aegypten" liefern classische Beispiele des durch die Stylgesetze der Fuge geforderten thematischen Umrisses. Sie mögen hier noch, statt zahlreicher weiterer Themen fugirter Händel'scher Sätze stehen, zu deren Mittheilung uns der Raum fehlt:

No. 94.

No. 95.

In nicht weniger mustergültiger Gestalt, als bei Bach und Händel, begegnen wir in der grossen Majorität aller Fälle dem Fugenthema in den Instrumentalsätzen Mozart's.

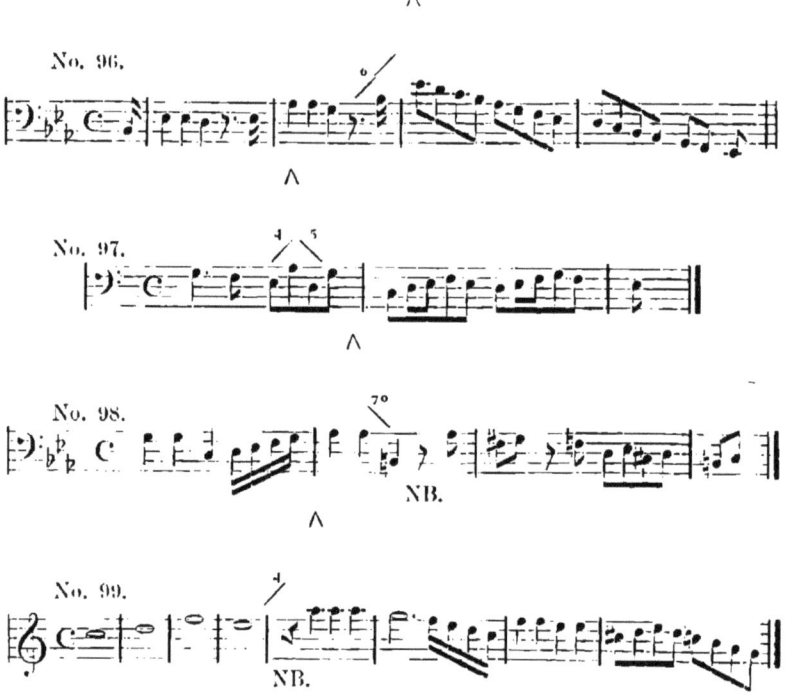

Hebungen und Senkungen dieser Themen steigen und fallen in vollkommenster Regelmässigkeit; der Gipfelton ist überall mit der grössten oder hervortretendsten Fortschreitung der Thema-Melodie eng verknüpft. Das 1. 3. u. 4. Beispiel bringen überdies vor und nach ihrem Gipfelton die uns von Bach her bekannten Pausen, die als Caesuren so eindringlich zu wirken pflegen. Das Mozart'sche C-moll-Thema endlich erscheint noch dadurch besonders merkwürdig, dass es einen jener seltenen Gipfeltöne mit **verzögerter Senkung** enthält, wie er uns bei Bach, in dem unter Nr. 76 angeführten Beispiele begegnete. Auch in dem vorliegenden Falle kommt das bei solchen Gelegenheiten in Wirksamkeit tretende Gesetz zu seiner correktesten Manifestation. Denn bei Mozart, wie bei Bach, erfolgen die dicht nebeneinander stehenden Sprünge in die Tiefe und in die Höhe im Umfange eines verminderten Septimenakkordes, und auch bei Mozart trägt die scharfe Auszackung der Mitte seines tonalen Umrisses nur dazu bei, den fast drohenden Ausdruck noch zu steigern, mit welchem der an dieser Stelle gleichsam fortklingende Gipfelton hoch über seinem Thema schwebt. — Ein gleich treffliches Thema, wie die mitgetheilten, ist das Thema des Allegros der Zauberflöten-Ouvertüre. Doch würde dasselbe den Stylgesetzen der Fuge noch gemässer sein, wenn sein vierter Takt, der nur eine Wiederholung enthält, wegfiele und hier schon die antwortende Stimme einträte.

Dass auch Beethoven die wahre Natur des Fugenthemas ergründet, zeigt der melodische Umriss solcher Themen wie der nachfolgenden:

deren er sich in Sonaten, Streichquartetten und Sinfonien zu fugir-

— 52 —

ten Durchführungen zuweilen bedient.*) — Auch in den Instrumentalwerken Joseph Haydn's findet sich mitunter eine ähnliche Formulirung fugirter Themen. Gluck dagegen hat weder mit der Fuge, noch mit fugirten Durchführungen jemals ernstlich zu thun gehabt, wofür ich die tieferen Gründe an einem anderen Orte zu entwickeln hoffe.**)

Dasselbe Eindringen in den Geist des fugirten Styls, das unsere grossen Meister in ihren für Instrumente geschriebenen Themen gewahren lassen, zeigt sich auch in ihren für menschliche Stimmen, daher namentlich für fugirte Chöre componirten Themen. Der beschränkte Raum gestattet zum Beweise hierfür, nur die Anführung einer ganz geringen Anzahl von Beispielen.

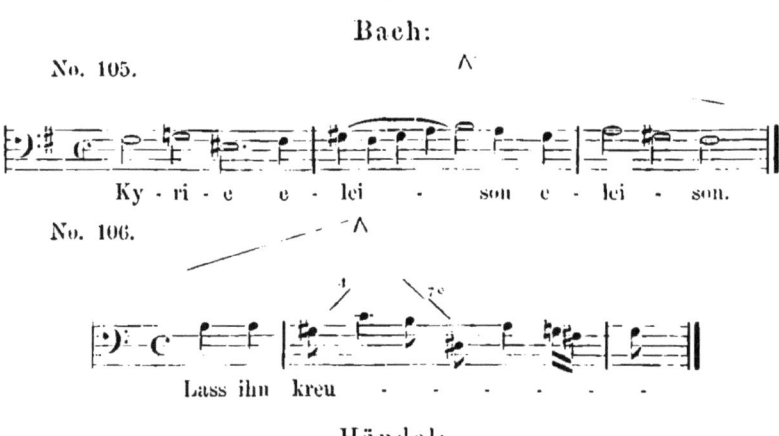

---

*) Dass ich das Trio-Thema aus der C-moll-Sinfonie (No. 103) nicht zu eng begrenze, beweisen dessen Eintritte im 2. Theil des Trio.

**) Im noch nicht publicirten vierten Halb-Bande meines Buches „Die Tonkunst in der Culturgeschichte", dessen beide ersten Halbbände 1869 und 1870 in der Lehr'schen Verlagsbuchhandlung in Berlin erschienen sind.

– 53 –

No. 108.

No. 109.

Mozart:

No. 110.

No. 111.

Haydn:

No. 112.

No. 113.

Denn er hat Him-mel und Er-de be-klei-det in herr-

Wir können uns über die obigen Themata nur ein Paar Andeutungen erlauben. Im 2. Basch'schen Beispiel erscheint der Gipfelton C (durch die falsche Quarte einerseits und die verminderte Septime andererseits) gleichsam wie über sein Thema hinausgehoben. Dagegen lassen Eingang und Ende dieses Beispiels, im markirtesten Contraste zu seiner Mitte, nur eine Wiederholung desselben Tons und eine stufenweis auslaufende Schlussformel gewahren. Im zweiten Händel'schen Thema wird der Gipfelton nicht durch einen oder zwei, sondern ausnahmsweise sogar durch drei grosse, ihm vorausgehende und unter sich abermals an Umfang wachsende Intervallenschritte markirt. Die zum Gipfelton unmittelbar emporgehende None wirkt um so kühner ausgreifend, als sie nicht gespielt, sondern gesungen werden soll und der Sänger den Abstand, sowie die Ungewöhnlichkeit eines Nonenschrittes unendlich stärker empfindet und hervortreten lässt, als der Instrumentalist. Man bemerke, dass im auffälligsten Contraste mit der scharf ausgezackten Mitte dieses Beispiels, woselbst Höhe und Tiefe unvermittelt hart nebeneinander gestellt sind, Eingang und Ende unseres Themas abermals nur aus den einfachsten und stufenweis fortschreitenden Tonverbindungen bestehen. — Das 1. Händel'sche Beispiel besitzt nicht nur einen Gipfelton, der gleichsam in freier Höhe über seinem Thema zu schweben scheint, sondern derselbe ist auch (mit seiner sich auf ihn beziehenden nächsten Umgebung) nach beiden Seiten hin durch Pausen vom übrigen melodischen Umriss isolirt. — Höchst kühn zu seinem Gipfelton emporsteigend und dabei als Ganzes in regelmässigster pyramidalischer Form sich aufbauend, erscheint auch das letzte Thema Mozart's. Unter den Haydn'schen Fugenthemen endlich zeichnet sich das erste durch einen zwiefach isolirten Gipfelton, sehr markirte Accente und prägnante Kürze, das zweite durch die Placirung seines breit gehaltenen Höhepunktes zwischen einem Sexten- und Septimenschritt, den beiden umfangreichsten des ganzen melodischen Umrisses, aus.

Bedenken wir nun, wie sehr Vocalkompositionen, selbst der bedeutendsten Meister, einerseits durch das gesangliche Können und Vermögen der menschlichen Stimme und deren Technik, andererseits durch den Inhalt und Ausdruck der in der Musik zu reproducirenden Textesworte bedingt sind, so erscheint es fast wunderbar, dass auch hier, sobald es sich um Fugen oder fugirte Sätze handelt, in der grossen Mehrzahl aller Fälle die Gesetze des fugirten Styls zu ihrer Verwirklichung gelangen. Noch erstaunlicher wird eine solche Erscheinung, wenn wir uns sagen, dass jene Meister ja ganz unbewusst und ohne eine Ahnung von der Existenz dieser Gesetze denselben Folge leisteten. Freilich fand der künstlerische Instinkt des Genies dieselben zu den verschiedensten Zeiten wieder auf und handelte, in dunklem, aber das Rechte deutlich herausfühlendem und unfehlbar treffendem Drange, in deren Geiste. Das Talent dagegen lässt eine weit geringere Feinfühligkeit in dieser Beziehung gewahren, ja man kann sagen, dass es nur in Zeiten eines reinen Strebens oder einer abermals beginnenden Erkenntniss der unterscheidenden Merkmale der verschiedenen Kunstformen zu einer gelegentlichen Wiederauffindung der Stylgesetze der Fuge befähigt gewesen sei. In Epochen völliger Entartung des musikalischen Geschmacks jedoch ist nur ein Meister ersten Ranges im Stande, (wie die Fugen Mozart's und Haydn's mitten im Zopfzeitalter in so überraschender Weise darthun) einen heruntergekommenen Styl wieder auf seine ursprüngliche Reinheit zurückzuführen. Der Mittelmässigkeit hingegen wird in derartigen Zeiten Natur und Geist eines solchen Styls geradezu unverständlich und kommt ihr völlig abhanden.

Nichts kann uns dies schlagender beweisen, als ein Vergleich der Vocalfugen der musikalischen Zopfzeit mit den zuletzt von uns mitgetheilten Chorfugen Bach's, Händel's, Mozart's und Haydn's.

Die Zeit der Entartung der Fuge lässt sich, wie mir

scheinen will, in drei einander folgende Perioden eintheilen. Der älteste Zopf, welcher der zweiten Hälfte des 17. Jahrhunderts angehört, fällt noch vor die Zeit des Auftretens Bach's und Händel's und beherrscht hauptsächlich das südliche und mittlere Italien, sowie das mittlere und nördliche Deutschland, während sich dagegen in Venedig und Wien nicht nur gute Traditionen erhielten, sondern sich die eigentliche *Fuga periodica*, d. h. unsere, von der *Fuga canonica* emancipirte moderne Fuge, daselbst erst völlig ausbildet. Das nachfolgende Thema von Pachelbel (1653—1706) giebt ein deutliches Beispiel des damaligen Zopfes:

Hier fehlt zunächst ein Gipfelton, denn die durchschnittlich höchste Stufe, das C, kommt nicht weniger als 5 mal und zwar in beiden Hälften des Themas vor. Wir bemerken ferner keine Hebung, welche der Senkung, die der 2. Takt enthält, vorausginge. Es mangelt dem obigen Beispiel somit vor allem schon jene uns bekannte melodische Umrisslinie, die das classische Fugenthema auszeichnet. Zudem hat der viermalige gleichartige Rhythmus, den ich durch Buchstaben bezeichnete, etwas, das an's Kindische und Komische streift. Das Thema besitzt endlich nicht eine einzige jener, die melodische und rhythmische Monotonie wohlthätig unterbrechenden Caesuren, wie sie, in Gestalt von Accenten, die in die übrige Bewegung scharf einschneiden, bei Bach und Händel dem Fugenthema ein so charakteristisches Gepräge verleihen.

Neben den nord- und mitteldeutschen Zopfcomponisten der 2. Hälfte des 17. Jahrhunderts lebten fast um dieselbe Zeit in Wien der alte Fux und der von mir wieder ausfindig gemachte Venezianer Poglietti,[*]) in deren Arbeiten die classische Form der Fuge sich, trotz des sie umgebenden Verfalls des fugirten Styls, völlig rein erhält, wie die nachfolgenden Themen beider Meister beispielsweise darthun.

---

[*]) Siehe Bote u. Bock's Berliner Musikzeitung vom Jahre 1875 No. 35 u. 36.

No. 115.

No. 116.

Noch ausgeprägter, als dies durch Pachelbel, durch den älteren Muffat, durch Zachau und Andere geschehen, entwickelte sich die Zopf-Fuge bei den Meistern, die die unmittelbaren Zeitgenossen Bach's und Händel's waren; wunderbarer Weise also gerade neben denjenigen beiden Männern, die den ganzen Styl zu seiner höchsten Vollkommenheit steigerten. Das nachfolgende Beispiel des jüngeren Muffat (um 1700—1750):

No. 117.

besitzt zwar in dem zweiten C. (das einen bei weitem stärkeren Accent und grösseren Werth hat, wie das erste C und welchem überdies der grösste Intervallenschritt folgt) einen regelmässigen Gipfelton und lässt auch Hebung und Senkung gewahren, es liegt aber trotzdem eine Trivialität in seiner Rhythmik und seinem melodischen Fortgang, wie sie uns, selbst in den ausnahmsweise einmal vorkommenden weniger classischen Themen Bachs und Händels kaum jemals begegnet. Nicht viel erfreulicher ist das hier folgende Thema Porpora's (1687—1767):

No. 118.

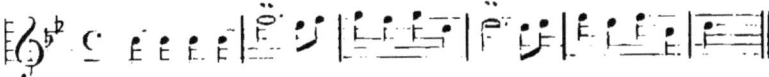

das um so interessanter erscheint, als es von dem Manne herrührt, der der Rival Händel's in London war. Der Schöpfer von „Israel in Aegypten" würde höchstens in seiner schlechtesten Laune ein solches Fugenthema geliefert haben, während es bei Porpora zu dessen relativ besten Themen zählt. Auch diesem geistlosen melodischen Umriss fehlt jeder Accent, der die Monotonie der schwerfällig betonten guten Takttheile synkopisch oder auf schlechten Takttheilen unterbräche; die steif und lächerlich klingenden Pralltriller des 2. und 4. Taktes vollends, nach denen die Bewegung jedesmal stockt, lassen den Hörer die Verschnörkelungen des Zopfstyls fast mit Augen erblicken. — Auch einem dritten namhaften Zeitgenossen Bach's und Händel's, dem von 1681 bis 1767 lebenden Telemann, fehlt meist, wie das nachstehende Beispiel zeigt, jedes Gefühl für das, was der Natur und dem Ausdrucksvermögen des Fugenthemas gemäss ist:

No. 119.

Zeigten die Beispiele von Muffat und Porpora wenigstens noch Gipfeltöne, die deren Thema-Melodien einigermaassen zusammenfassten, so ist in dem vorstehenden Telemann'schen Thema ein solcher, das Ganze zusammenfassender Centralton nicht mehr aufzufinden, da die im Durchschnitt höchstgelegene Stufe der ThemaMelodie, das zweigestrichene E, sowohl im 3., als im 6. und 7. Takte vorhanden ist. Wie kahl, weitläufig und ohne jede feste Führung, ohne jedes bestimmte Ziel umherirrend, erscheint überdies das, aller organischen Gliederung und jedes Planes entbehrende Auf und Ab dieser Themamelodie, in welcher sich ein philiströses Empfinden gleichsam willenlos vom Zufall treiben lässt. — Auch Reinhard Keiser's (1673—1739), Mattheson's (1681—1764) und Graun's (1701—1759) Fugenthemen sind von der Verwirklichung des Stylgesetzes, das darin zum Ausdruck kommen soll, meist ebenso weit entfernt, als die Fugenthemen des jüngeren Muffat, eines Porpora oder eines Telemann.

Trotzdem aber erreichte der musikalische Zopf seine unbestrittenste Vorherrschaft noch nicht unter den Zeitgenossen Bach's und Händel's. Eine solche gewann derselbe erst in der **zweiten Hälfte des 18. Jahrhunderts**, obwohl in dieser Epoche Meister wie **Joseph Haydn** und **Mozart** wirkten. Dies zeigt jedoch nur wieder, wie sehr sich in manchen wichtigen Kunstepochen das Genie über die grosse Masse seiner Fachgenossen erhebt, während das Talent meist mit der Richtung der von dieser Menge innegehaltenen Strömung treibt. Für die zuletzt ausgesprochene Behauptung liefert uns z. B. das nachfolgende, von einem so grossen Talente wie Hasse (1699—1783) herrührende Fugenthema einen sprechenden Beweis:

No. 120.

In te, Domine, spe-ra - - vi, non confundar in aeter - num.

Dieses, dem berühmten *Te deum* Hasse's angehörende Thema lässt zunächst eine dreimalige unveränderte Wiederholung eines Melodiebruchstücks gewahren (siehe die mit Buchstaben bezeichnete Stelle) welche, wie alle Reprisen, dem Geiste und der Natur des Fugenthemas völlig widerstrebt. Jedenfalls wirkt das betreffende Motiv gleich dem monotonen Klappern einer sich drehenden Mühle. Sein Verharren in ein und derselben Tonlage hat aber noch ausserdem zur Folge, dass sich die 4 Takte lange **Senkung** des obigen Beispiels von ihrem 2. bis inclusive 4. Takt, aus einer **fallenden** in eine vorwaltend **horizontale** Tonlinie verwandelt (wie dies schon allein das ein halbes Dutzendmal berührte zweigestrichene D darthut), mithin den melodischen Umriss ganz aufgiebt, der der zweiten Hälfte eines normalen Fugenthemas gemäss ist. Auch die durch eine sechsfache Wiederholung des eingestrichenen A dargestellte Hebung ist eine höchst dürftige. Wenn Bach dergleichen bringt, so handelt es sich meist bei ihm nur um ein Paar leichtschwebende und keinen guten Takttheil berührende Töne, die, weil sie eben darum des gewichtigen Accentes des ihnen folgenden Gipfeltones um so bedürftiger sind, sich mit diesem auf das organischeste verbinden. Hier dagegen setzt der betreffende Ton mit steifer Grandezza auf dem Niederschlag ein und füllt mit seinen Wiederholungen einen ganzen ziemlich breit gehaltenen Vierviertel-Takt.

Noch seichter und inhaltsloser als das mitgetheilte Hasse'sche Thema ist das sich hier anschliessende Thema von Eberlin (1716—1776):

No. 121.

Dass Eberlin die Sequenzen a, b, c, ohne eine jener Modificationen bringt, durch die Bach den seinigen Leben einzuhauchen weiss, verleiht denselben hier das todte Aussehen eines dreimal nebeneinander gestellten Schablonenmusters. Völlig unmotivirt und von lächerlichster Wirkung ist die Sechszehntelbewegung, die sich dem Ganzen noch im letzten Takte anhängt. Sie mahnt, in ihrer unorganischen Anfügung, an ähnlich unorganisch angebrachte Schnörkel, die uns bei der Betrachtung von Gebäuden im Zopfstyl verletzen oder lachen machen.

Auch das hier folgende Thema einer Chorfuge von Gottlieb Naumann (1741—1801) trägt das Gepräge einer völligen Verdunkelung der Stylgesetze, nach denen sich ein Fugenthema aufbaut.

No. 122.

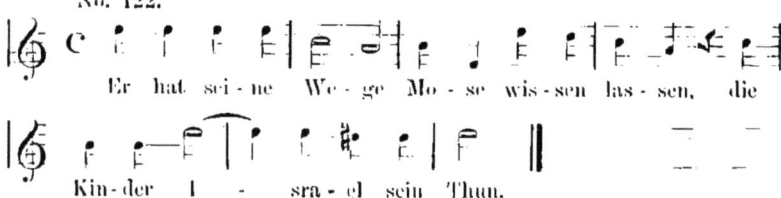

Hier fehlt nicht nur Hebung, Höhepunkt und Senkung, sondern auch alle individuelle und charakteristische Physiognomie. Das Thema ist daher weder übersichtlich, noch besitzt es einen, alle seine Theile zusammenfassenden Mittelpunkt. Es zeigt in dieser Beziehung eine für jene Zeit charakteristische Verwandtschaft mit

dem schon mitgetheilten Telemann'schen Thema, während ein
anderes sich hier anschliessendes Thema Naumann's:

sowohl hinsichtlich der Stellung seines Gipfeltons, als der dem
fugirten Styl widersprechenden und ermüdenden Wiederholungen,
lebhaft an das unter Nr. 120 schon gebrachte Fugenthema von
Naumann's Vorbild und Freund Hasse erinnert.

Einer ähnlichen, dem Charakter des fugirten Styls direct
widersprechenden Anlage, wie sie viele Themen Hasse's, Naumann's
und Eberlins gewahren lassen, begegnen wir auch bei anderen
hervorragenden Meistern der 2. Hälfte des 18. Jahrhunderts.
Homilius, Adam Hiller, Michael Haydn, Weinlig und
Schuster sind daran nicht minder reich, wie ihre bereits angeführten Zeitgenossen. Dass unter diesen Männern, trotz ihrer
Schwäche im fugirten Styl, grosse Talente steckten, die auf
anderen Gebieten Manches geleistet, das der Vergessenheit ent-
zogen zu werden verdient, ist Thatsache. Der Autor würde wahr-
lich seinen Grossvater, den ehemaligen kursächsischen Hofkapell-
meister J. G. Naumann, hier nicht mit angeführt haben, wenn
er geglaubt hätte, dass die Verdienste dieses trefflichen Mannes
durch den stylwidrigen Aufbau einiger seiner Fugenthemen ge-
schmälert werden könnten. Ueberdies muss man nicht meinen,
dass die damaligen Meister nicht auch gelegentlich das Rechte
getroffen hätten. So finden sich gerade in Naumann's beiden
schönsten Messen, denen in As-dur und A-moll, zwei völlig normale Fugenthemen. Dergleichen blieb aber freilich damals immer

Ausnahme; ja man kann sagen, dass sich während der Zeit der stärksten Vorherrschaft des musikalischen Zopfes, (eben in der 2. Hälfte des 18. Jahrhunderts) Reste einer gesunden Erkenntniss dessen, was das Fugenthema und die Fuge ausdrücken sollen, allein noch unter einigen geistvollen Theoretikern erhalten haben. Die Lehrer der Tonsetzkunst kamen schon allein durch die Nöthigung, die Fuge einer wissenschaftlichen Erörterung und Analyse zu unterwerfen, den Stylgesetzen derselben allmälich wieder auf die Spur. In dieser Beziehung ist es bezeichnend, dass F. W. Marpurg, in bereits dämmernder Ahnung der Riesengrösse Seb. Bach's, den 1754 publicirten 2. Theil seiner umfangreichen „Abhandlung von der Fuge" den beiden Söhnen des Altmeisters: Friedemann und Philipp Emanuel, zueignete.*) Ein kanonisches Thema ferner, wie das hier folgende des von 1721—1783 lebenden berühmten Tonlehrers Johann Philipp Kirnberger:

No. 124.

der allerdings noch zu den persönlichen Schülern Seb. Bach's zu gehören das Glück hatte, lässt kaum etwas zu wünschen übrig. Ein tieferes Eindringen jedoch in den Geist der Fuge, und in

---

*) Es klingt uns freilich noch primitiv, wenn Marpurg, in seiner Dedication an die Brüder, von einem Manne wie Seb. Bach sagt: „Zur Zeit als die leichte Melodienmacherey überhand nahm und man der schweren Harmonien überdrüssig ward, war der selige Herr Capellmeister derjenige, der ein kluges Mittel zu ergreiffen wuste und mit den reichsten Harmonien einen angenehmen und fliessenden Gesang verbinden lehrte." Oder wenn es dann, in directer Anrede Friedemanns und Philipp Emanuels weiter heisst: „Die Erfahrung zeiget, meine Herren, dass die glückliche Vereinigung dieser beyden Stücke ein Eigenthum Ihrer Familie geblieben" und hinzugefügt wird: „so müssen die Erfindungen Ihres Geistes noch die Nacheiferung der spätesten Nachwelt erwecken". Wir empfinden hierbei, dass M. der Abstand des alten Bach von seinen Söhnen noch gar nicht ersichtlich geworden.

einzelnen Fällen sogar ein Wiederaufblühen des wahren fugirten Styls, sollten erst nach der Wiedererweckung Seb. Bach's von den Todten, im Anfang des 19. Jahrhunderts, möglich werden. Erst mit der Erfindung von melodischen Umrissen, wie sie die nachstehenden Themen Felix Mendelssohn's und Robert Schumann's gewahren lassen:

waren wir Modernen wieder dahin gelangt, den fugirten Styl in seiner Reinheit abermals darzustellen.

Wie erklärt sich's nun, dass Jahrhunderte vergangen sind, ohne dass man dem in diesem Capitel von mir entwickelten Stylgesetz der Fuge auf die Spur gekommen ist? — Erscheint doch dieses Gesetz, nachdem es in der vorliegenden Abhandlung durch Notenbeispiele anschaulich gemacht und erläutert worden ist, so naheliegend und dabei so unwidersprechlicher Natur, dass man glauben möchte, seine Existenz hätte sich Musikern und Kennern ganz von selber aufdringen müssen. Das dies trotzdem nicht geschehen, mag darthun, wie viel einfacher manche Dinge aussehen, nachdem sie gefunden worden, als dies vorher der Fall gewesen, ehe sie bewiesen und auf ein grosses Princip zurückgeführt worden waren. In der Geschichte der Fuge begegnen wir nur einigen sehr unklaren und zusammenhangslosen Ahnungen davon, dass aus einem Fugenthema noch etwas Anderes auf uns wirke, als die zufällige Folge der Töne aus denen es besteht.

Noch ohne jede Hindeutung auf eine im Fugenthema verborgene musikalische Architektonik zeigt sich uns, in seinem 1725 herausgekommenen *Gradus ad Parnassum*, der alte Fux; dies muss um so mehr Wunder nehmen, als dieser verdiente Meister der unstreitig bedeutendste Lehrer des fugirten Styls gegen Ende des 17. und im Anfang des 18. Jahrhunderts gewesen. Auch Marpurg's 1753 und 54 in zwei Quartbänden erschienene „Abhandlung von der Fuge" bietet in der bewussten Beziehung eine nur geringe und daher kaum in Betracht kommende Ausbeute. Marpurg ist vorerst nur die Kürze, als ein charakteristisches Merkmal des classischen Fugenthemas aufgegangen. Er meint nämlich, dass kurze Fugenthemen besser seien, als weit ausgesponnene; schon darum, weil ein kurzes Thema übersichtlicher sei und sich dem Gedächtniss besser einpräge, als ein langes; mithin dem Hörer gestatte, die thematische Durcharbeitung überall hin deutlich zu verfolgen.

Ebensowenig, wie bei Marpurg, finden wir bei Johann Philipp Kirnberger eine Ahnung irgendwelcher besonderen Natur des Fugenthemas. In Kirnberger's 1782 in Berlin bei Decker erschienenem Schriftchen: „Vorbereitung zur Fugenkenntniss," wäre höchstens bemerkenswerth, dass er von dem einfachen und doppelten Contrapunkt, von der festen Gegenstimme des Themas und von der Verarbeitung der Motive sagt: „dies sind die einzelnen Theile, die sich zur Fuge, wie Kalk und Stein zum Gebäude verhalten." Man kann, wenn man will, in diesen Worten eine leise Hindeutung auf den vorzugsweise streng architektonischen Charakter des classischen Fugensatzes zu finden glauben, d. h. einen Hinweiss auf ein musikalisches Gepräge, das in diesem Falle auch auf die Themen des fugirten Styls mit bezogen werden könnte. — Bereits ein wenig mehr sagt uns Adolf Bernhard Marx. Er ersucht nämlich im 2. Bande seiner, 1837 in erster Auflage publicirten Compositionslehre den Schüler: einem Fugenthema „nicht ohne inneren Grund weiten Umfang zu geben und grosse Intervalle nur als entscheidende Karakterzüge zu ergreifen." Er meint ferner: ein Fugenthema dürfe nicht vorübergehen „ohne einen Mittel- und Anhaltepunkt zu bieten, einen Gipfel und entscheidenden Zug zu erreichen." — Diesen, wie man sieht, noch sehr schüchternen Ahnungen eines im Fugenthema wirksamen Stylgesetzes, die uns nichtsdestoweniger den feinen künstlerischen Instinkt eines so geistvollen Kopfes wie

Marx abermals darthun, schliesst sich ein Menschenalter später August Reissmann an. Im 2. Bande seines 1866 erschienenen Lehrbuches der Composition finden wir die bemerkenswerthe Stelle: „Es ist erstes Erforderniss, dass sich das Fugenthema planvoll entwickelt. Die melodische Tonfolge verlangt einen bestimmten Gipfelpunkt, um welchen sich die ganze Bewegung concentrirt, wie einen bestimmten befriedigenden Endpunkt, nach welchem sie hindrängt." — Marx aber sowohl, wie Reissmann gründen auf solche Bemerkungen weder irgendwelche weitere Consequenzen, noch haben sie die Absicht, mit denselben ein im Fugenthema waltendes und präcis formulirtes Stylgesetz hinzustellen, das übrigens ja auch einer weit deutlicheren und entwickelteren Fassung bedurft haben würde. Sie bedienen sich vielmehr jener, von ihnen überhaupt nur ein paarmal ganz beiläufig gebrauchten Ausdrücke. „Gipfel, Mittelpunkt" u. s. w. in einem höchst allgemeinen und lediglich andeutenden Sinne, sowie einzig zu dem Zwecke, dem Kunstjünger damit einen Fingerzeig bei der Bildung des „Führers" an die Hand zu geben. Von hier aber bis zu der Auffindung eines für Fugenthemen gesetzlich feststehenden melodischen Contours, als dessen einander streng bedingende Momente Hebung, Gipfelton und Senkung hervortreten, war freilich noch ein weiter Weg. Wer denselben nicht zurückgelegt, dem mussten auch alle Consequenzen, zu deren Erkenntniss die Wahrnehmung jener musikalischen Architektonik endlich hinleiten sollte, unsichtbar bleiben. Darum finden wir bei unseren beiden Theoretikern kein Wort von der so wichtigen Isolirung des Gipfeltons, durch welche doch erst das Gesetz des Aufbaues des Fugenthemas zu seiner unzweideutigen Formulirung und Anschaulichkeit gelangt. Aus gleichem Grunde wird bei ihnen weder das Vorhandensein der grössten Intervalle in der Themamelodie vor und nach dem Gipfelton nachgewiesen, noch der Markirung des letzteren durch Pausen, besondere Accente und Werthe, oder durch empfindliche Tonstufen gedacht. So erklärt sich's denn, dass beide Tonlehrer jene von ihnen anfänglich gebrauchten allgemeinen Andeutungen in demselben Moment verschwinden lassen, da sie, dem Schüler gegenüber, ihren oben von mir berührten pädagogischen Zweck erfüllt haben, was hier um so mehr beweist, als die der Fuge gewidmeten Abschnitte im Uebrigen zu den ausführlichsten der genannten trefflichen Lehrbücher gehören. Gerade aber der weitere Verlauf dieser Abschnitte zeigt uns ihre Verfasser auf völlig anderen Wegen, als der Autor sie hier gegangen ist. Einzelne ihrer Behauptungen stehen sogar im allerdirektesten Widerspruch mit dem in dieser Abhandlung entwickelten Grundgesetz des melodischen Umrisses des Fugenthemas. Denn wenn Reissmann meint, dem nachstehenden Thema aus Graun's „Tod Jesu"

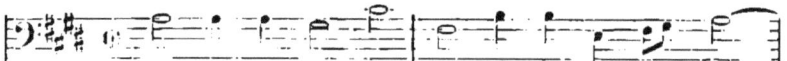

fehle ein Höhepunkt, so wissen wir bereits, dass das obige Thema einen solchen in seinem Gipfelton, dem eingestrichenen Cis, und zwar so deutlich wie nur möglich markirt und nach beiden Seiten hin völlig isolirt, besitzt. Nicht weniger würde es gegen alle von uns gewonnenen Anschauungen streiten, wenn Reissmann (wie in der oben aus seiner Compositionslehre angeführten Stelle zu ersehen), mit dem von ihm vorausgesetzten Drange des Fugenthemas nach seinem Endpunkt hin, eine Entwicklung des musikalischen Aufbaues des Fugenthemas hätte charakterisiren wollen. Nach ihrem Ende zu geht, wie wir wissen, die Bewegung des Fugenthemas vielmehr wieder in die Ruhe über; dagegen drängt und vermehrt sich dieselbe auf den thematischen Gipfelton zu, und zwar einzig und allein auf diesen ihren tonalen Brennpunkt hin, mit Ausschluss jeder anderen tonalen Steigerung oder Zuspitzung.

Wenn ich nun auch, wie man aus dem Mitgetheilten ersieht, in Marxens und Reissmanns gelegentlichen Hinweisen auf gewisse Eigenthümlichkeiten des Fugenthemas nur leise Vorempfindungen eines, mir auf anderen Pfaden erst deutlich gewordenen und in seinem ganzen Umfange aufgegangenen Gedankenzusammenhanges zu begrüssen vermochte, so waren mir die betreffenden Aeusserungen beider verdienter Männer doch in einer Beziehung unschätzbar. Wer einmal auf unbekannten, wenig betretenen und von

Nebeln umwogten Wegen eine tüchtige Strecke weit für sich allein fortgewandert ist, den beschleichen, mögen sich die Thatsachen dafür, dass er hoffen dürfe zuletzt an ein erwünschtes Ziel zu kommen noch so sehr mehren, doch endlich Zweifel darüber, ob sich sein einsamer Pfad nicht in Einöden und Wüsteneien verlieren und ihn zwingen werde wieder umzukehren. So erging es mir, als ich, bei meinem Eindringen in ein bisher unbetretenes Gebiet bereits ziemlich weit gekommen war und über meine Einsamkeit — ich meine über den Mangel an Vor- und Mitarbeitern auf diesem Felde — unruhig zu werden begann. Hatte ich mir doch, in solchen Augenblicken des Misstrauens gegen mich selbst, schon manchmal zugerufen: „Wenn das, was du gefunden, unumstössliche Wahrheit enthielte, so ist es kaum denkbar, dass nicht im Laufe der Zeiten irgend einer deiner Fachgenossen davon wenigstens eine Witterung gehabt und darüber Mittheilung gemacht hätte." Da stiess ich ganz zufällig — nämlich bei einer Revue der gesammten die Fuge betreffenden fachmännischen Literatur — auf die vorhin angeführten Aeusserungen von Marx und Reissmann. Dieselben würden, hintereinander gedruckt, kaum mehr als anderthalb Seiten füllen, und doch reichten die wenigen darin enthaltenen Worte dazu hin, mich davon zu überzeugen, dass meine Ideen, wenn sie auch Dritten anfänglich befremdlich erscheinen müssten, sich demungeachtet nicht so völlig von den Ideen Anderer entfernen, um schon allein aus diesem Grunde bedenklich zu erscheinen. — Jedenfalls sind Marx und Reissmann gewisse, wenn auch von ihnen noch nicht erklärte Eigenschaften des Fugenthemas als besondere Eigenthümlichkeiten desselben aufgefallen und sie wagen es, sich darüber, wie über Thatsachen zu äussern. Dies ist um so verdienstlicher, als sie die Einzigen unter allen vor ihnen aufgetretenen Lehrern der Fuge sind, bei denen wir Wahrnehmungen dieser Gattung überhaupt begegnen.

Als man 1683 schrieb, mithin noch zwei Jahre vor Sebastian Bach's Geburt, starb Alessandro Poglietti, in dessen Ricercaten für die Orgel wir die Kunstform der Fuge fast schon zu ihrer vollkommenen Reife gediehen erblicken. Es ist daher gegenwärtig beinahe volle zweihundert Jahre her, dass wir die in der vorliegenden Arbeit zum erstenmal aufgedeckten Gesetze der Architektonik der Fuge bei den grössten Meistern dieser Kunstgattung in Wirksamkeit sehen, ohne dass diese Tonsetzer sich dessen bewusst waren oder auch nur die leiseste Ahnung von der Existenz solcher sie einschränkenden Bedingungen hatten. Was folgt aber hieraus? — Jedenfalls die Erfahrung, dass der Mensch auch in solchen Sphären an eherne, unwandelbare Gesetze gebunden ist, in denen er sich bisher am freiesten zu bewegen und seinen persönlichen Gefühlen und Einfällen am schrankenlosesten hinzugeben glaubte: in seinem Kunstschaffen nämlich, und in unserem Falle überdies in derjenigen Kunst, die dem individuellen Gebahren des Einzelnen den meisten Spielraum darzubieten scheint: in der Musik. — Solche Thatsachen mahnen unwillkührlich wieder einmal an Shakespeare's Worte: „Es giebt mehr Dinge zwischen Himmel und Erde, als ihr euch in euerer Schulweisheit träumen lasst," und an die Wahrheit des Goethe'schen Ausspruchs: „Wir wandeln alle in Geheimnissen." Und doch ist die Lösung des hier an uns herantretenden Mysteriums in gewisser Weise einfacher, als man denken möchte. Sie lautet: Wie kann ein blinder, blöder Zufall in einer Welt walten, in der wir nicht nur die unorganische und organische Natur von unabänderlichen ewigen Gesetzen durchdrungen und beherrscht sehen, sondern in welcher auch im Reiche des Geistes und der Geister die Wege im voraus abgesteckt sind, welche wir zu gehen haben und die wir hiernach bis an ihre letzten, uns noch unbekannten Ziele für geebnet und gebahnt halten müssen. Erscheint doch gerade der Zufall aus einem derartig geordneten Universum, hinsichtlich aller wesentlichen Bedingungen des Seins, so gut wie ausgeschlossen. Wer aber meint, dass hiermit die menschliche Freiheit nicht bestehen könne, dem rufen wir zu, dass lediglich in der freiwilligen Hingabe an das Weltganze und in der bewussten Unterordnung unter das Weltgesetz unsere Freiheit besteht, während der vermeintliche Beweis derselben: unser Lossagen nämlich von den uns, wie allen endlichen Wesen gezogenen Schranken, nur unsere Unfähigkeit bekundet, den Anforderungen jenes Weltgesetzes an uns zu genügen und daher unsere Unfreiheit und (auf den Charakter angewandt) unsere Schwäche bedeutet. Wer aber das in ihm waltende Weltgesetz, d. h. die Bedingung seiner Existenz negirt, hebt damit sich selbst und seine Berechtigung zum Dasein auf. Auf die Kunst angewandt, heisst jenes Weltgesetz: Hingabe des Individuums an die im Laufe der Jahrhunderte organisch entstandene und entwickelte künstlerische Form und deren Stylgesetze, sowie allmäliches Emporwachsen zu voller Freiheit und ungehemmter Bewegung innerhalb dieser, durch unsere eigene Geistesnatur geforderten und hervorgerufenen Schranken. Hat uns das Gefühl der Nothwendigkeit einer solchen Hingabe an die in der Kunst waltende Gesetzlichkeit erst einmal ganz durchdrungen, dann werden wir dieselbe auch in jedem einzelnen Falle begreifen und darum z. B. auch bald inne werden, dass das im Thema der Fuge sich offenbarende unabänderliche Gesetz seines Aufbaues den Künstler nicht einengen und beschränken kann, sondern denselben, indem es ihn in das innerste Wesen des betreffenden Styls eindringen lässt, erst in Wahrheit zu dessen Herrn und Beherrscher machen wird. Denn zu herrschen vermag nur der, der sich seiner Absichten deutlich bewusst ist. Dies ist aber besonders in einer Zeit von Nöthen, der das naive, instinctive Schaffen, das dem Genie eigen war, vorläufig verloren gegangen ist und die daher wenigstens bestrebt sein muss, durch ein liebevolles Eindringen in den Geist der Kunst und eine gründliche Erkenntniss ihrer Style, das auf einem Umwege zu erreichen, was das Genie, kraft seiner göttlichen Mission, auf directem Wege, nämlich unbewusst und mit unfehlbarer Sicherheit zu allen Zeiten gefunden und geleistet hat.[*]

[*] Manches in der vorstehenden Abhandlung nur Angedeutete dürfte seine Ergänzung erst in einem, dem Abschlusse nahen grösseren Werke des Verfassers finden. Das betreffende Buch ist dazu bestimmt, die letzten Consequenzen der hier mitgetheilten Stylgesetze zu ziehen, wesshalb der Leser gebeten wird, das gegenwärtige Schriftchen nur als einen Vorläufer jener angekündigten Arbeit anzusehen.

Verlag von **Robert Oppenheim** in Berlin.

Elementarbuch
der musikalischen
Harmonie- und Modulationslehre.
Zum unterrichtlichen Gebrauche
in Musik-Instituten, Seminarien u. s. w.
und zur Aufklärung für jeden Gebildeten
von
Otto Tiersch.
Gegründet auf des Verfassers Harmoniesystem.
gr. 8. VI u. 172 Seiten. Preis M. 3,00.

Dieses Werkchen bezeichnen musikalische Autoritäten ersten Ranges als „ganz ausgezeichnet und vollkommen auf der Höhe seiner Zeit stehend"; es „zeichnet sich dasselbe (nach Dr. E. Hanslick) aus durch scharfes und selbständiges Denken". Das Buch nimmt aber auch noch aus anderen Gründen unter seines gleichen den ersten Rang ein. Die Harmonie- und Modulationslehre, welche in fast allen bis jetzt erschienenen derartigen Büchern nur als ein Conglomerat von Einzelnheiten auftritt, wird hier vollständig wissenschaftlich auf wenige einfache Principien zurückgeführt, die der Verfasser aus feststehenden philosophischen Grundsätzen ableitet. Gleichzeitig wird die Harmonielehre selbst, deren Regeln und Lehrsätze nach allen andern Werken nur ganz gedächtnissmässig angeeignet werden können, ganz bedeutend vereinfacht, denn alle einzelnen Erscheinungen und Formen entwickeln sich naturgemäss aus der Kenntniss von nur drei einfachen Intervallen. Der Unterricht nach diesem Buche muss daher selbst für Kinder fassbar und interessant werden. Endlich aber ist das Werkchen auch umfassender als jedes andere; es begründet die Regeln des strengen Satzes, wird aber gleichwohl auch den Compositionen der neuesten Meister gerecht. Es wird daher nicht wenig zur Klärung des jetzt so getrübten musikalischen Urtheils beitragen.

v. Wolzogen im Musikal. Wochenblatte: „Für seine Kürze (11 Bogen) leistet das Buch viel: es enthält Alles, was ex- und implicite der Titel, und demnächst die Vorrede, verspricht. Es ist nicht nur ein gutes Buch, sondern ein nothwendiges;" „man kann es loben, wie man es empfehlen muss. Es erfüllt in der That eine Aufgabe unserer Zeit." „Dieses Elementarbuch wird daher in seinen Grundsätzen vor Allem von dauernder Gültigkeit sein, seine Durchführung in ihrer wissenschaftlichen Consequenz ein Muster für jeden Nachahmer oder Erweiterer in Zukunft bleiben dürfen." „An Stelle einer mühseligen Mnemotechnik ist lebendige Verstandesübung in Erfassung einer stricten Causalität getreten." „Die Nothwendigkeit dieses Werkes überwiegt noch den Werth seiner Güte, und ich verzichte auf eine eingehendere Darlegung seiner löblichen Einzelnheiten, indem ich immer nur wieder betonen kann, wie heilsam sein endliches Erscheinen ist."

Ed. Hanslick in der Neuen Freien Presse: Dieses Buch zeichnet sich im Allgemeinen durch ein scharfes selbständiges Denken aus, ausserdem noch besonders durch die gründliche Behandlung des physicalischen Theiles, nach den (in unsern Musiklehrbüchern noch so wenig berücksichtigten) Werken von Helmholtz und Hauptmann. Aus sehr einfachen Principien entwickeln sich Lehrsätze und Regeln in so consequenter Weise, dass das Gedächtniss des Lernenden weit weniger belastet wird als durch die meisten gebräuchlichen Lehrbücher.

☞ **O. Tiersch Elementarbuch ist in dem von Herrn Prof. Dr. Jul. Stern in Berlin geleiteten Conservatorium der Musik, ferner in dem Musik-Institute des Herrn A. Werkenthin in Berlin, sowie in verschiedenen Musikschulen der Provinz als Lehrmittel eingeführt.** ☜

Verlag von **Robert Oppenheim** in Berlin.

C. H. Bitter, Beiträge zur Geschichte des Oratoriums. Mit Notenbeilagen. gr. 8. VIII u. 503 Seiten. geh. Preis M. 10,00.

Allgem. Musikal. Zeitung: Wir dürfen zur Empfehlung dieser Beiträge sagen, dass der Leser über innere und äussere Geschichte des Oratoriums reiche Belehrung empfängt.

F. Witt in Musica sacra: Möchten doch alle, welche ein Oratorium, besonders eines der in dem Buche besprochenen zu hören Gelegenheit haben, durch Lesen des Bitter'schen Werkes sich darauf vorbereiten. Dasselbe ist mit grosser Sorgfalt gearbeitet und verdient auf das wärmste empfohlen zu werden.

H. M. Schletterer in der Augsburger Allg. Zeitung: Bitter's Beiträge sind mit jenem Fleisse und mit jener Umsicht geschrieben, die wir bei früheren Arbeiten des Verf. wiederholt zu rühmen hatten. Der Leser empfängt über einen höchst wichtigen Gegenstand, nicht nur für den Fachmusiker, sondern für das ganze gebildete Publicum von Interesse, erschöpfende und gründliche Belehrung.

Kölnische Zeitung: Seit lange haben wir kein Werk über Musik und musikalische Dinge mit solchem Vergnügen und Genuss gelesen, wie diese „Beiträge"; die Darstellung ist geistvoll und klar und mit den Ansichten des Verf. fühlen wir uns in vollkommener Uebereinstimmung.

Echo: Ein schönes Zeugniss deutscher Gründlichkeit und deutschen Fleisses, dem wir seiner Wichtigkeit gemäss, die wohlwollendste Aufnahme wünschen.

Monatshefte für Musikgeschichte: Der Herr Verf. hat mit diesem Werke einen glücklichen Wurf gethan, es enthält dasselbe eine ganz vortreffliche Uebersicht nicht allein über das Oratorium, sondern über die ganze Musikentwickelung des 17. 18. und 19. Jahrhunderts und ist so glatt und liebenswürdig geschrieben, dass auch Dilettanten mehr Genuss davon haben können wie von einem Romane.

L. Köhler in der Königsberger Hartung'schen Zeitung: Bitter's Geschichte des Oratoriums enthält ziemlich alles, was über diese Kunstgattung durch die Zeit ihrer Entwicklung hindurch mitgetheilt werden kann. Umfangreiche Notenbeilagen unterstützen das Verständniss. Das Werk wird Jeden, der für das Oratorium Interesse hat, sei er Fachmann oder Dilettant, sicherlich zum grössten Theil befriedigen.

Westermann's Illustr. Monatshefte: Wir empfehlen das Buch den stets zahlreicher werdenden Musikfreunden, die, der ästhetisirenden Salbaderei über Musik satt, ihren Blick durch historische Betrachtung von Schöpfungen, die für alle Zeiten oder wenigstens für ihre Zeit hervorragend gewesen sind, erweitern wollen.

W. Langhans, Das musikalische Urtheil und seine Ausbildung durch die Erziehung. gr. 8. II u. 42 Seiten. geh. Preis M. 1,00.

Musikal. Wochenblatt: Für Musiker sind die über die musikalische Erziehung unserer Jugend vom Verf. mit frei und weit blickendem Geiste in anregungsreicher Darstellung mitgetheilten Ansichten höchst sympathisch, und können möglicherweise auch als Ausgangspunkt einer im betreffenden Felde zu wünschenden Agitation dienen.

L. Köhler in der Königsberger Hartung'schen Zeitung: Der Verf. bietet hier eine lesenswerthe Schrift, die zu ernstem Nachdenken anregt, wenn auch die darin mitgetheilten praktischen Vorschläge schwerlich einer Verwirklichung sich erfreuen können, bevor eine gründliche Reform in der Anwendung des übrigen Lehrmaterials stattgefunden hat. Die Broschüre wird gewiss jeden Leser interessiren.

Ostdeutsche Zeitung: Wir wünschen dem Buche recht weite Verbreitung bei Musikern und Laien, aber eben so auch bei Schulmännern, die wenn auch nicht Alles, so doch Manches zur Beherzigung aufnehmen mögen.

Literarisches Centralblatt: Eine kleine vortrefflich abgefasste Brochüre, deren Hauptzweck, Reform des Musikunterrichtes in der Schule, den Verf. veranlasst, sich in zu beherzigender Art und Weise über unsere heutigen Musikzustände auszulassen. Die Schrift enthält manches zu beherzigende Wort in einer nicht unwichtigen Angelegenheit.

Verlag von **Robert Oppenheim** in Berlin.

Musikalisches
Conversations-Lexikon.

Eine Encyclopädie der gesammten musikalischen Wissenschaften.

Für Gebildete aller Stände,

unter Mitwirkung

der Herren Prof. Franz M. Böhme, Custos A. Dörffel, Kapellmeister Prof. H. Dorn, Prof. G. Engel, K. S. Kammermusiker M. Fürstenau Dir. Gevaërt, L. Hartmann, Dr. F. Hüffer, Prof. F. W. Jähns Dr. W. Langhans, Prof. E. Mach, Prof. Dr. E. Naumann, Prof. D. Oscar Paul, Dr. A. Reissmann, Prof. E. F. Richter, Prof. W. F Riehl, Musikdir. Th. Rode, Prof. H. Ruff, Musikdir. Dr. W. Rust Geh. Rath Schlecht, O. Tiersch, O. Wangemann, Prof. Dr. H. Zopf u. s. w., u. s. w.

begründet von **Hermann Mendel**.

Fortgesetzt von **Dr. August Reissmann**.

Erscheint in 100 Lieferungen oder 10 Bänden Lex.-8., zum Subscriptionspreis von M. 0,50. für jede Lieferung.

Band 1—9 (A—Stradivari) bereits erschienen.

Ed. Hanslick in der Neuen Freien Presse: Ein Unternehmen, durch welches d Verlagshandlung sich die deutsche Musikwelt zu besonderem Danke verpflichtet. Es ist da erste deutsche Musik-Lexicon, welches die längst veraltete und bis heute doch noch unen behrliche Schilling'sche Encyklopädie zu ersetzen und zeitgemäss zu erneuern geeignet is Die Biographien sind hinreichend ausführlich und anziehend geschrieben, die theoretische und technischen Artikel klar und sachgemäss abgefasst.

Grenzboten: Die Fülle und Vollständigkeit des Materials, welche hier geboten werde sind ebenso anerkennenswerth als die Form und Methode der Behandlung. In der Th: findet nicht nur jeder Musiker und Fachmann, sondern jeder gebildete Laie hier gediegen und befriedigende Aufklärung über alle Fragen der musikalischen Kunst, Wissenschaft un Praxis.

O. Gumprecht in der National-Zeitung: Das Unternehmen zieht, soweit es der enc. klopädische Zweck überhaupt gestattet, die gesammte Musikwissenschaft in sein Bereich un ist gewiss in hohem Grade zeitgemäss; die bisher erschienenen Bände enthalten eine Reil der bemerkenswerthesten Beiträge.

H. M. Schletterer in der Augsb. Allg. Zeitung: In den bisher erschienenen Bände liegt der vielversprechende Anfang eines als Hülfs- und Nachschlagebuch gleich unentbeh lichen Werkes vor, das, ein Bedürfniss für unsere Zeit, Musikern und Laien hochwillkomme sein muss — eines Werkes, das sein Gebiet völlig beherrscht, und das von dem Streben besee erscheint, seiner Aufgabe ganz gerecht zu werden.

Kölnische Zeitung: Alles ist möglichst gedrängt gefasst, klar dargelegt und bis z einem gewissen Grade von der universalen Natur des Unternehmens bedingten Grenze e schöpfend behandelt.

H. Dorn in Neue Berliner Musikzeitung: In Betracht der grossen Schwierigkeite solchen Unternehmens bin ich voll aufrichtigen Lobes der Gesammtleistung.

Ueber Land und Meer: Seit lange hat ein musikalischer Brockhaus gefehlt, das Schl ling'sche Lexikon war vollständig veraltet, und wie auf der einen Seite die wissenschaftliche Forschungen auch auf musikalischem Gebiete den Dilettantismus verdrängt, so hat auf de andern Seite der Kreis der Musiktreibenden sich in nie geahnter Weise ausgedehnt. Wir be grüssen darum das „Musikalische Conversations-Lexikon", herausgegeben von Hermann Mende als ein „ohne Phrase" tiefgefühltes Bedürfniss. Der Herausgeber hat sich mit einem tüchtige Kreise von Mitarbeitern umgeben, deren Güte die Gründlichkeit und Gewissenhaftigke bürgen. Theorie, Geschichte und Aesthetik der Tonkunst sind in gleich treff'licher und mass voller Weise vertreten, wie das biographische Element.

Blätter für literar. Unterhaltung: Das Werk ist sehr umfangreich angelegt und ver spricht, die Musikwissenschaft nach allen Seiten hin, soweit dies encyklopädisch möglich is zu erschöpfen. Sehr reichhaltig ist der biographische Theil, er enthält auch einzelne eingehend Charakteristiken, wie diejenige von Auber, Bach, Beethoven, Berlioz u. a. Die musikalische Kunstausdrücke sind mit Prägnanz erklärt; auch finden sich philosophische Bestimmungen ve Begriffen, welche für die Musik von Bedeutung sind, z. B. „Anlage", „Antithese" u. a. Di Beschreibung der einzelnen Instrumente ist eine sehr genaue, desgleichen sind die Beiträg zur Geschichte der Musik bei den einzelnen Völkern, gründlich aus den Quellen geschöpft.

Druck von Metzger & Wittig in Leipzig.